Uni-Taschenbücher 102

UTB

Eine Arbeitsgemeinschaft der Verlage

Birkhäuser Verlag Basel und Stuttgart
Wilhelm Fink Verlag München
Gustav Fischer Verlag Stuttgart
Francke Verlag München
Paul Haupt Verlag Bern und Stuttgart
Dr. Alfred Hüthig Verlag Heidelberg
J. C. B. Mohr (Paul Siebeck) Tübingen
Quelle & Meyer Heidelberg
Ernst Reinhardt Verlag München und Basel
F. K. Schattauer Verlag Stuttgart-New York
Ferdinand Schöningh Verlag Paderborn
Dr. Dietrich Steinkopff Verlag Darmstadt.
Eugen Ulmer Verlag Stuttgart
Vandenhoeck & Ruprecht in Göttingen und Zürich
Verlag Dokumentation München-Pullach

VORWORT

Diese Einführung in das Gebiet der linguistischen Semantik richtet sich nicht nur an Studierende linguistischer oder philologischer Fächer; angesprochen werden sollen auch Studierende sozialwissenschaftlicher Disziplinen, da sich neuerdings gerade im Bereich der Semantik, aber noch stärker in der Pragmatik – dem Studium von Kommunikationsakten – eine Zusammenarbeit zwischen Sprach- und Sozialwissenschaftlern als notwendig erweist. Weiterhin hoffe ich diese Einführung so angelegt zu haben, daß auch der an linguistisch-semantischen Fragen interessierte Laie einen Einblick in Methoden und vorläufige Ergebnisse dieses heute noch stark im Fluß der Forschung stehenden Gebiets der Sprachwissenschaft gewinnen kann.

Der vorliegende Text ist aus einer Vorlesung erwachsen, die ich im Sommersemester 1971 an der Universität Regensburg gehalten habe. Daraus erklärt sich auch das hier angewandte Verfahren, auf einen ausgedehnten Fußnotenapparat zu verzichten; kurze Literaturverweise sind in den Text eingebaut worden, zu ihrer Aufschlüsselung bediene man sich der Bibliographie. Der Verzicht auf Fußnoten rechtfertigt sich auch aus der neuerdings um sich greifenden Gewohnheit von Verlagen und Druckereien, Fußnoten nicht mehr auf der betreffenden Seite unterzubringen, sondern diese als einen nur umständlich zu handhabenden Anhang, der dem Lese- und Verständnisfluß nur hinderlich sein kann, am Ende eines Buches darzubieten.

In der Bibliographie werden grundsätzlich nur diejenigen Titel genannt, auf die im Text selbst Bezug genommen wird. Zieht der Leser das eine oder andere Werk tatsächlich zu Rate, so wird er zu dem betreffenden Teilgebiet dort die gewünschten zusätzlichen Literaturangaben leicht gewinnen können.

Meinen Regensburger Kollegen Franz von Kutschera und Peter Staudacher möchte ich für kritische Anregungen Dank sagen; Fräulein Brigitte Schnitker danke ich für ihre Mithilfe beim Korrekturenlesen und für die Erstellung des Registers.

Herbert E. Brekle

Regensburg, im Januar 1972

APOLOGIE ZUR ZWEITEN AUFLAGE

Wider Erwarten war die erste Auflage dieser *Einführung* innerhalb weniger als zweier Jahre erschöpft. Diese Tatsache stellte mich vor die Frage, ob und inwieweit ich mich an eine Neubearbeitung wagen sollte. Meine Entscheidung fiel dahingehend aus, daß ich — im wesentlichen aus Zeitmangel — nur geringe Änderungen am ursprünglichen Text vorgenommen habe (Beseitigung von Setzfehlern, Präzisierungen im Ausdruck und Verweise auf wichtige Neuerscheinungen).

Bei dieser zweiten Auflage bin ich mir der Unzulänglichkeiten meiner Arbeit zwar noch deutlicher bewußt als bei der ersten — vor allem wenn ich die stürmische Entwicklung der semantischen Forschung im Bereich der Logik und Pragmatik betrachte — jedoch glaube ich, daß diese *Einführung* dem Studienanfänger und dem Nicht-Fachmann immer noch einen Einstieg in die sprachwissenschaftliche Bedeutungslehre ermöglichen kann. In gewisser Weise bestärkt wurde ich in dieser Ansicht durch zwei in Vorbereitung befindliche französische bzw. italienische Ausgaben (bei Armand Colin, Paris und Il Mulino, Bologna). Aber vielleicht ist dies ein zu „pragmatischer" Gesichtspunkt.

H. E. Brekle

Regensburg, im Februar 1974

INHALT

1. EINLEITUNG

Es erscheint selbstverständlich, daß bei der großen Anzahl von zeitgenössischen Publikationen auf dem Gebiet der linguistischen Semantik – man könnte geradezu von einer „Renaissance" in diesem
Bereich der Sprachwissenschaft sprechen – hier nur Ausschnitte aus
der stürmischen Entwicklung dieses Gebiets gegeben werden können. Damit dies nicht allzu fragmentarisch und unsystematisch
bleibt, soll hier zunächst – entsprechend der vorliegenden Gliederung – versucht werden, das Gebiet der linguistischen Semantik von
verwandten Disziplinen (z. B. der logisch-philosophischen Semantik)
abzugrenzen. Diese Forderung wird z. B. von dem polnischen Philo-
sophen Adam Schaff in seiner *Einführung in die Semantik* (1966,
Vorwort) erhoben, wenn er schreibt: „Die Semantik als wissenschaftliche Disziplin ist gegenwärtig derart kompliziert und ihr
Name so vieldeutig, daß der Terminus *Semantik* selbst einer semantischen Analyse unterzogen werden muß, wenn man bedauerliche
Mißverständnisse und logische Entgleisungen vermeiden will." Eben
dieses Ziel hoffe ich mit den nachfolgenden Versuchen der Abgrenzung des Gebiets und der Explikation einiger Grundbegriffe der
Semantik zu erreichen.

Die Annäherung an unseren eigentlichen Gegenstand – die neuere
linguistische Semantik – erfolgt also sozusagen von außen her; es
ist nicht das Ziel der folgenden Darlegungen, eine streng formal
aufgebaute linguistisch-semantische Theorie zu entwickeln; was hier
gegeben wird, sind bestenfalls Pro-legomena zu einer solchen Theorie.

Zuerst möchte ich – ohne allerdings weiter in die Geschichte der
Sprachwissenschaft bzw. ihres semantischen Zweiges hinabzustei-
gen – *ein* mögliches Mißverständnis beseitigen. Wenn heute in der
Sprachwissenschaft von *Semantik* die Rede ist, so bezieht sich dieser
Terminus normalerweise *entweder* auf Probleme des Aufbaus einer
semantischen Theorie natürlicher Sprachen (in formaler und/oder

substantieller Hinsicht), also auf Fragen einer universalen Semantik; *oder* auf Aussagen über die Bedeutung sprachlicher Zeichen (Wörter) und Zeichenkombinationen (Wortzusammensetzungen, Sätze und – womöglich – auch Texte) einer bestimmten natürlichen Sprache, wie sie in einem bestimmten Zeitraum von einer bestimmten sozialen Gruppe als Instrument der Kommunikation verwendet wird (also synchronische Semantik). Grundsätzlich sollen in diesem Buch Bemerkungen zu der ersten genannten Alternative vorgetragen werden.

Untersuchungen zu der historisch stattgefundenen Entwicklung von Bedeutungen sprachlicher Formen (das Wort *Bedeutung* wird zunächst relativ unsystematisch gebraucht) – also diachronisch-semantische Fragen – stehen heute aus guten Gründen nicht im Zentrum linguistischer Forschung.

Bei der Einführung des Terminus *Semantik* in die Sprachwissenschaft durch Michel Bréal in seinem *Essai de sémantique* (1897) war dagegen die Forschungslage eine andere. Bedingt durch die damals herrschende – fast ausschließlich diachronisch orientierte – Sprachwissenschaft ging es Bréal nicht um die Analyse der Bedeutungen sprachlicher Elemente in synchronischer Sicht, sondern um die Analyse und Erklärung des *Wandels* der Bedeutungen von Wörtern. Dieses Forschungsziel war für Bréal mehr oder weniger selbstverständlich vorgegeben, da die sprachtheoretischen Kategorien *Synchronie* und *Diachronie* im wesentlichen erst durch den *Cours de linguistique générale* (1916) de Saussures in die Sprachwissenschaft konsequenzenreich eingeführt wurden.

Bréal sah die Semantik als einen Teilbereich der Sprachwissenschaft an, dessen Gegenstand es sein sollte, die Ursachen sowie Invarianten des Prozesses der *Bedeutungsveränderungen* von Wörtern zu erforschen. Diese Bedeutungsveränderungen wurden von ihm – basierend auf Erkenntnissen der Rhetorik und der älteren Etymologie – typisiert in: Bedeutungserweiterungen und -verengungen, Bedeutungsübertragungen, die Auf- und Abwertung von Wortbedeutungen etc.

Beispiele: Erweiterung: lateinisch *armare*: „die Schultern bedecken" → „sich bewaffnen". Verengung: mittelhochdeutsch *getregede* „das Getragene" → Getreide. Übertragung: lateinisch *contemplari*:

„Hauptbeschäftigung der Auguren im Tempel" → „bedenken, nachdenken", (französisch *contempler,* englisch *contemplate*). Verschlechterung: mittelhochdeutsch *list*: „Können, Wissen" (gotisch *lais* „ich weiß") → „Kunst des Hereinlegens". Aufwertung bzw. Verschlechterung: ae. *cwēn*: „Frau" → neuenglisch *quean* „Hure" und → neuenglisch *queen* „Königin".

Adam Schaff konnte 1960 (dem Erscheinungsdatum des polnischen Originals seiner *Einführung in die Semantik*) noch mit einigem Recht schreiben: „Diese Auffassung [Bréals nur-historische Aufgabenstellung der Semantik] der Semantik als eines Zweiges der Sprachwissenschaft hat sich, trotz großer Unterschiede zwischen den einzelnen sprachwissenschaftlichen Schulen, bis auf den heutigen Tag erhalten" (p. 8). Eine solche Aussage mag 1960 noch zu rechtfertigen gewesen sein, – heute dagegen, wenn von „linguistischer Semantik" die Rede ist, versteht man darunter zu allererst *synchronische Semantik*, also die Beschreibung der Inhalte sprachlicher Zeichen (Formen) und Komplexen von Zeichen (Wortzusammensetzung, Satz, Text). Heute ist auch im Bereich der Semantik die Priorität der Synchronie vor der Diachronie weitgehend anerkannt; bevor man die Veränderungen von Wortbedeutungen beschreiben kann, muß man wissen, wie die zu einem Zeitpunkt zu einer Wortform gehörende Bedeutung überhaupt beschaffen ist.

Bevor wir sinnvoll eine Abgrenzung zwischen logischer und linguistischer Semantik und mögliche Abhängigkeiten zwischen diesen beiden Gebieten ins Auge fassen können, erscheint es notwendig, den semantischen Bereich innerhalb der zeitgenössischen Logik – wenigstens in Umrissen – abzustecken. Die hier vorgreifend versuchte Abgrenzung der beiden Wissenschaftsgebiete kann nicht in einem Anlauf" erreicht werden; sie ergibt sich nur im Zusammenhang mit den folgenden Kapiteln, in einer nach einer ersten sorgfältigen Lektüre vielleicht möglichen Zusammenschau der vorgetragenen Hauptpositionen.

Es ist ein in der neueren Logik allgemein angenommener Grundsatz, daß sich die sog. „natürlichen" Sprachen, also Deutsch, Englisch usw. in ihrer normalen Ausprägung, in der sie zur alltäglichen Kommunikation verwendet werden, nicht direkt und unkontrolliert als Medien, als Instrumente zur Darstellung logischer Strukturen von Sätzen und Schlüssen verwenden lassen.

Die Motivationen für die Notwendigkeit der Konstruktion sog. „künstlicher" Sprachen für Zwecke des logischen Schließens, oder – allgemeiner – für formalwissenschaftliche Operationen mit Zeichenausdrücken überhaupt lassen sich wie folgt zusammenfassen:

1. Die Ausdrücke (Zeichenkombinationen) einer beliebigen natürlichen Sprache sind sehr oft nicht ohne weiteres eindeutig (in bezug auf eine Sachverhaltsstruktur, auf inhaltliche Abhängigkeiten etc.) zu interpretieren. Altbekannte Beispiele dafür sind etwa die folgenden strukturell mehrdeutigen Sätze: *Flying planes can be dangerous* („Fliegende Flugzeuge …" oder „Das Fliegen von Flugzeugen kann (für den Betreffenden) gefährlich sein"), *Heute wurde ein Brief von Klaus verlesen* („Klaus" = Schreiber oder Verleser). Die Gründe dafür sind: natürliche Sprachen sind historisch gewachsene Gebilde und insofern mit bestimmten „Zufällig-

keiten" in ihrer Struktur behaftet. Allerdings können die Mehrdeutigkeiten oder Vagheiten, mit denen Ausdrücke natürlicher Sprachen behaftet sein können, je nach dem Kommunikationsziel, grundsätzlich durch u. U. umständliche, erläuternde Umschreibungen vermieden werden.

Ausdrücke natürlicher Sprachen sind normalerweise für ihre Interpretation (Verstehen) in mehrerer Hinsicht kontextabhängig. Ein gutes Beispiel hierfür sind die vielfältigen deiktischen Elemente in natürlichen Sprachen; das sind sog. „Zeigewörter", etwa: Demonstrativ- und Personalpronomen (*dieses, jenes; ich, du, ...*), lokale und temporale Adverbien (*hier, dort; jetzt, morgen* etc.). Gemeinsam ist dieser Klasse sprachlicher Zeichen ihr immer wieder wechselnder Bezug auf den jeweiligen Sprecher, also ihre sprecher- oder ichbezogene Kontextabhängigkeit: das vom Sprecher als „hier und jetzt" Behauptete, Gefragte etc., das umkehrbare Ich-Du-Verhältnis im Dialog, etc. Im Gegensatz dazu stehen Eigennamen und Individualkennzeichnungen: *A. Hitler* bzw. *der Verbrecher aus Braunau*. Das hierdurch Bezeichnete kann ohne Rückgriff auf den jeweiligen Sprecher eindeutig erkannt werden.

Eine große Anzahl von Ausdrücken natürlicher Sprachen müssen, um praktischen Kommunikationszielen dienen zu können, notwendigerweise vage sein. Diese relative Vagheit kann sich einmal in der Bedeutung von einzelnen Wörtern zeigen – umgangssprachlich lassen sich z. B. die Inhalte von *Berg* oder *Hügel* nicht immer eindeutig voneinander trennen –, zum anderen erfassen Ausdrücke wie *einige Bücher, viele Bücher* etc. die Anzahl der gemeinten Gegenstände nur ungefähr. Entsprechend der jeweils intendierten Kommunikationsabsicht kann jedoch jeder sprachliche Ausdruck inhaltlich stetig weiter präzisiert werden.

Ausdrücke natürlicher Sprachen können mehreren Sprachschichten angehören: z. B. verschiedenen sozial bedingten Gruppensprachen, Berufssprachen u. ä.; sie können objekt- und metasprachliche Funktionen haben; subjektiv bestimmt sein; emotionale Ladungen tragen etc.

Die Summe dieser Eigenschaften machen Ausdrücke natürlicher

Sprachen für rein formale Operationen (vgl. „Programm- oder Maschinensprachen" der Computer) weitgehend untauglich.

2. Um das ebengenannte Ziel zu erreichen, müssen „künstliche" Sprachen geschaffen werden, die eine entsprechende Präzision im Operieren mit Ausdrücken (Zeichenkombinationen) erlauben. Unter diesem Gesichtspunkt gilt zwischen „natürlichen" und „künstlichen" Sprachen folgendes Verhältnis: das was bei einer konstruierten „künstlichen" Sprache (z. B. im Bereich Mathematik, Physik, Chemie) an Abbildungspräzision für einen relativ eng eingegrenzten Gegenstandsbereich gewonnen wird, fehlt eben solchen Sprachen an allgemeiner Anwendbarkeit, kurz: die vielfältigen Kommunikationsziele, die mit „natürlichen" Sprachen ohne weiteres erreicht werden können, werden von „künstlichen" Sprachen in einer entsprechenden Bandbreite faktisch nicht erreicht.

3. Durch den Gebrauch einer „künstlichen" Sprache wird es also möglich, von den im jeweiligen Zusammenhang unwesentlichen Bestimmungen, Konnotationen (wertenden oder emotionalen Beimengungen) u. ä. abzusehen und die Zusammenhänge, auf die es jeweils ankommt, im Sinne der Informationstheorie redundanz- und störungsfrei darzustellen. Solche „künstlichen" Sprachen werden normalerweise so konstruiert, daß an die Stelle komplizierter Ausdrücke der „natürlichen" Umgangssprache relativ einfach strukturierte, gut übersichtliche und kontrollierbare Ausdrücke treten. Ein solches Verfahren entlastet die Denkarbeit wesentlich und setzt die Fehlerquellen in der Darstellung von Sachverhalten und in der logischen Beweisführung entscheidend herab.

4. Weiterhin wird es bei Verwendung einer entsprechend streng (formal) konstruierten Sprache möglich, in bestimmten Bereichen das inhaltliche (eidetische) Denken durch ein algorithmisches, also „rechnendes" Operieren mit Formeln (d. h. materiellen Zeichenausdrücken) zu ersetzen. Genau dieses sind Merkmale logischer Kalkülsprachen und der sog. „Computersprachen". Da die „natürlichen" Sprachen – wie oben gezeigt wurde – den strengen An-

forderungen‚wie sie an z. B. eine Computersprache zu stellen sind, nicht genügen können, ist es auch nicht möglich, mit Ausdrücken unserer Umgangssprache rein algorithmische Operationen vorzunehmen.

Vieldeutige Elemente einer „natürlichen" Sprache dürfen deshalb in einer formalen Sprache nicht auftreten; z. B. die Funktionen der sog. „Kopula" *sein*:

(1) Identitätsbeziehung: London *ist* die Hauptstadt Englands
    symbolisch: x = y
(2) Elementschaftsbeziehung: London *ist* eine Millionenstadt
    symbolisch: x ε A
(3) Enthaltenseinsbeziehung: Der Wal *ist* ein Säugetier
    symbolisch: A $\subset$ B

(die Symbole sind zu lesen: „=": „ist identisch mit"; „ε": „ist Element von"; „ $\subset$ ": „ist enthalten in").

Um den Stellenwert der Semantik im Bereich „künstlicher" Sprachen, deren Konstruktion ein wichtiges Teilgebiet der modernen Logik ist, abschätzen zu können, werden wir nun die allgemeine formale Struktur solcher „künstlicher" Sprachen etwas näher ansehen.

Da – wie oben schon gesagt wurde – solche „künstlichen" Sprachen keine Vagheiten, Mehrdeutigkeiten, oder stilistische Varianten in ihren Ausdrücken zulassen dürfen, müssen eindeutige Regeln zur Konstruktion und Interpretation von Ausdrücken solcher Sprachen gegeben werden. Mit anderen Worten heißt dies, daß explizite und eindeutige Formationsregeln für die in einer solchen Sprache erlaubten Ausdrücke gegeben sein müssen. So ist aus den Formationsregeln der arithmetischen Sprache ablesbar, daß der Ausdruck „2 + 2 = 4" korrekt geformt ist, daß dagegen ein Ausdruck wie „2 + = 4" nicht korrekt geformt ist. Es muß also immer quasimechanisch entscheidbar sein, ob ein gegebener Ausdruck innerhalb einer bestimmten konstruierten Sprache „wohlgeformt" ist oder nicht. Bei den „natürlichen" Sprachen ist eine solche Forderung nicht ohne weiteres einzulösen. Bei Ausdrücken in natürlichen Sprachen können nämlich immer wieder Zweifel auftreten, ob man „so oder so" sagen kann oder nicht. Hier ist ein Problem angesprochen, das in der zeitgenössischen linguistischen Diskussion unter den Termini „Grammatikalität" und „Akzeptabilität" sprachlicher Ausdrücke behandelt wird. Ein Ausdruck mag grammatisch – d. h. den abstrakten Regeln eines Grammatikmodells gemäß – wohlgeformt sein, seine Akzeptabilität im aktuellen Redevollzug braucht dadurch jedoch noch nicht gesichert zu sein. Das Verhältnis beider Termini zueinander ist bis heute noch nicht völlig befriedigend geklärt.

Bei einer „künstlichen" Sprache faßt man sogenannte Formationsregeln als Regeln auf, die die *Syntax* der betreffenden Sprache eindeutig bestimmen. Wir sehen hier schon eine erste Parallelität formaler Art zwischen den Bemühungen der Logiker und jener von Linguisten wie z. B. Chomsky.

Basierend auf den Arbeiten von Russell und Whitehead (vgl. ihr berühmtes Gemeinschaftswerk, die 1910 zum ersten Mal erschienenen *Principia Mathematica*) war es in den 30er und 40er Jahren vor allem R. Carnap, der „Die logische Syntax der Sprache" (so der Titel seines einflußreichen Werkes von 1934) in weiten Bereichen ausgearbeitet hat. Carnap definiert die logische Syntax als formale Theorie von Sprach*formen* (Zeichenausdrücken), d. h. eine Theorie, die sich *nicht* für die Bedeutung der so oder so konstruierten Ausdrücke interessiert, sondern nur für die Art und Anordnung der Symbole, mit deren Hilfe diese Ausdrücke konstruiert sind.

Die so aufgefaßte logische Syntax behandelt Sprachen, für deren Bildung sie Konstruktionsanweisungen gibt, als spezifische Kalküle.

Im ersten Stadium der Entwicklung dieser „logischen Syntax" (vor allem im sogenannten „Wiener Kreis": Schlick, Neurath, Carnap) nahm man noch an, daß die gesamte logische *und* philosophische Problematik in dieser „Syntax" unterzubringen sei (was nicht hineinpaßte, wurde als „Scheinproblem" aus der Philosophie ausgeschlossen).

Jedoch ging die Periode dieser „syntaktischen Euphorie" vor allem unter dem Einfluß zweier Faktoren Anfang der 40er Jahre zu Ende.

1. Es zeigte sich, daß die ausschließlich syntaktische Formulierung für eine Reihe von Begriffen nicht ausreichte, die aber gerade im

Gebiet der Logik unentbehrlich waren. Allein mit syntaktischen Mitteln lassen sich Begriffe wie „Wahrheit", selbst in einem sehr eingeschränkten logischen Sinne, „Bezeichnung" und andere davon abhängige nicht adäquat fassen.

2. Tarski zeigte („Der Wahrheitsbegriff in den formalisierten Sprachen" *Studia Philosophica* Lwow (1935)), daß man sich des Begriffes „Wahrheit" durchaus bedienen kann, ohne in Widersprüche zu verfallen.

Carnap erweiterte daraufhin sein symbollogisches Programm vor allem mit seinen Werken *Introduction to Semantics* (1942) und *Meaning and Necessity* (1956) um eine semantische Komponente. Die Semantik (zunächst nur im logischen Sinne) hat die Aufgabe, die Beziehungen zwischen den syntaktisch wohlgeformten Ausdrücken einer Sprache und ihren jeweiligen Designata zu untersuchen (Designata können einzelne raum-zeitliche Gegenstände, Ereignisse, Tatsachen *oder* diesen entsprechende Begriffe sein). Anders ausgedrückt: durch Einbeziehung einer semantischen Komponente wird ein zunächst rein syntaktisch aufgebauter Kalkül auf einen bestimmten Gegenstands- oder Begriffsbereich hin interpretiert. Dabei ist wichtig zu bemerken, daß die Ausdrücke, die in der Semantik eines Kalküls auftreten, ebenfalls nach strengen, Eindeutigkeit garantierenden Regeln konstruiert sein müssen. Am Beispiel des prädikatenlogischen Kalküls läßt sich zeigen, daß syntaktisch wohlgeformte Ausdrücke dieser Kunstsprache sehr verschiedene – ja beliebig viele – semantische Interpretationen zulassen, je nachdem welcher Gegenstandsbereich als Bezug gewählt wird (arithmetische, biologische, linguistische Strukturen). Damit ist grundsätzlich Leibniz' Postulat einer wissenschaftlichen Universalsprache eingelöst.

Die Abgrenzung einerseits, andererseits aber auch der Zusammenhang einer abstrakten logischen Semantik mit der linguistischen Semantik läßt sich nun wie folgt skizzieren:

1. die logische Semantik (oder reine Semantik) untersucht die Gesetzmäßigkeiten, die für die inhaltliche Deutung *beliebiger* formaler Sprachen (= Kalküle) zu gelten haben (sowohl was die Darstellung beliebiger Sachverhalte anlangt, aber auch was das Problem der Wahrheit von Aussagen und der Synonymie und

anderer Bedeutungsbeziehungen zwischen Ausdrücken betrifft).
Insofern ist die logische Semantik das formale Paradigma für
jede spezielle Semantik (z. B. der Flaggensprache, der Sprache
der Verkehrsampeln, der Gestensprache, der natürlichen Spra-
che(n) etc.).

2. Die linguistische Semantik beschäftigt sich als eine empirische
Wissenschaft mit den Inhalten von Zeichen und Zeichenkombinationen, wie sie in normalen Sprechakten, in denen sprachlich
geformte Ausdrücke verwendet werden, vorkommen.

Allerdings – dies wird sich im weiteren Verlauf unserer Darstellung deutlich zeigen – sind die Probleme einer linguistischen
Semantik von ihrem Gegenstandsbereich her („alles worüber man
sprechen kann") ungeheuer vielschichtig, verglichen mit den relativ einfachen Semantiksystemen konstruierter Sprachen. Trotzdem zeigt gerade die linguistisch-semantische Forschung der letzten 5-6 Jahre, daß – unter Berücksichtigung der semantischen
Komplexitäten „natürlicher" Sprachen – Resultate erzielt wurden, deren formale Ansprüche sich gerade an dem Modell der
logischen Semantik orientieren. (Vgl. hierzu z. B. Montague /
Schnelle 1972 und Schnelle 1973, bes. Kap. IV. „Prinzipien der
semantischen Form").

3. SEMIOTIK UND SEMANTIK

In diesem Kapitel soll der Begriff „Semantik" und andere mit ihm korrelierte Begriffe in einem weiteren theoretischen Rahmen dargestellt werden. Innerhalb dieses Rahmens wird auch das eben skizzierte Verhältnis von Semantik und Syntax weiter präzisiert werden. Der Rahmen innerhalb dessen dies geschehen soll, ist die allgemeine Zeichentheorie, die auch *Semiotik* genannt wird.

Das Wort *Semiotik* kann erklärt werden als die Lehre von Zeichen (gr. sēmeion = Zeichen). Man kann die Sprachwissenschaft als einen der Spezialfälle der Semiotik als Wissenschaft von den Zeichen auffassen.

3.1. Semiotik als erkenntnistheoretische Methode

Eine der Grundlagen der Semiotik als erkenntnistheoretischer Methode ist die Annahme, daß mittels zeichenanalytischer bzw. zeichensynthetischer Verfahren wesentliche Ergebnisse bei wissenschaftlichen Prozessen zu erzielen seien. Im einzelnen ergeben sich folgende Gründe für diese Annahme:

1. Die Wissenschaft ist ein Gemeinschaftswerk, sie kann nur durch die Zusammenarbeit vieler durch die Zeiten hindurch zustande kommen. Diese Zusammenarbeit verlangt aber die Mitteilung des Wissens, und diese kommt durch Zeichen, vornehmlich durch wohlgeformte Folgen gesprochener und/oder geschriebener Wörter zustande. Das sprachliche Medium ist bei dem gesamten wissenschaftlichen Prozeß also durchaus keine Nebensache, sondern wesentliches Mittel der Wissenschaft.

2. Wörter und Sätze haben einen materiellen Aspekt; sie werden

wahrgenommen als stoffliche Dinge bzw. Ereignisse. Gelingt es, durch sie Begriffe und Sachverhalte möglichst eindeutig darzustellen, dann wird, auch abgesehen vom sozialen Faktor, die Arbeit des Wissenschaftlers bedeutend erleichtert. Denn der menschliche Geist ist so geartet, daß er am leichtesten mit materiellen – also wahrnehmbaren – Repräsentationen arbeitet, er faßt auf diese Weise das Repräsentierte am besten auf. Man denke z. B. nur an das Rechnen: es kann wohl auch als ‚Kopfrechnen' ausgeführt werden, aber wieviel einfacher und sicherer wird es mit Hilfe von Schriftzeichen.

Wenn auch die sprachliche Repräsentation von wissenschaftlichen und anderen Erkenntnissen den Fortschritt der Wissenschaft erst ermöglichen, so können eben diese sprachlichen Ausdrücke auch für das Wissen und Erkennen gefährlich sein; Wörter und Sätze können leicht zu Mißverständnissen führen: man nimmt oft ein Wort für den angemessenen Ausdruck eines Begriffs, und dann ist es dies doch oft nicht oder es birgt in seiner Bedeutung etwas, was den Einzelnen oder die Forschung insgesamt auf falsche Wege führt. (Diese Überlegungen basieren auf Leibnizschen Gedankengängen.)

Der Hauptgedanke und damit auch die Anwendbarkeit der Semiotik im wissenschaftlichen Bereich beruhen auf folgenden Unterscheidungen, die für alle Zeichensysteme – also sowohl für natürliche wie für künstliche Sprachen bzw. Formelsysteme gelten:

a) zunächst gehört ein Zeichen oder eine Zeichenmenge zu einem bestimmten Zeichensystem, d. h. ein Zeichen wird normalerweise nicht als Unikum gebraucht, sondern ist eingebettet in eine offene oder geschlossene Menge anderer Zeichen. Beispiele: die Zeichensysteme der Mathematik, der Chemie, der symbolischen Logik, der verschiedenen Flaggensignale, Signale des Straßenverkehrs, der Morsecode etc.; wir sehen, daß es unabhängig – oder wenigstens relativ unabhängig – von den Zeichensystemen der natürlichen Sprachen eine sehr große Anzahl von Zeichensystemen gibt, die für den Alltag oder in der technologisch geprägten Umgebung des heutigen Menschen eine beträchtliche Rolle spielen.

Innerhalb eines gegebenen Systems weist ein Zeichen verschiedene Aspekte auf:

b) ein Zeichen hat stets eine wahrnehmbare Form, d. h. es muß sich in einem bestimmten Medium materialisieren (Beispiele: akustisch, optisch, taktil und gestisch (Taubstummensprache), olfaktorisch bei Tieren mit hochentwickeltem Geruchssinn). In reicheren Systemen haben Zeichen außerdem noch – meist räumliche oder zeitliche – Beziehungen zueinander. So sind sprachliche Zeichenformen normalerweise nach dem Linearitätsprinzip geordnet, das im Falle von gesprochener Sprache zeitliche Abfolge, im Falle geschriebener Sprache räumliche Aneinanderreihung impliziert. Diese Beziehungen sprachlicher Zeichenformen zueinander werden innerhalb der Theorie der Semiotik *syntaktische* Beziehungen genannt. Die Aneinanderreihung von Zeichenformen kann auf verschiedenen Stufen vor sich gehen; es können zuerst Komplexe von Zeichenformen („Konstituenten") gebildet werden, die insgesamt zu anderen Komplexen in Abfolgebeziehungen treten können. Man vergleiche etwa traditionelle oder neuere Satzgliederungsschemata (Subjekt + Prädikat; Nominalphrase + Verbalphrase, etc.).

c) um Zeichen zu sein, anders gesagt, um in einem Sprechakt erfolgreich verwendet werden zu können, müssen bestimmte materielle Formen — wie z. B. Wörter oder Sätze oder Verkehrssignale Bedeutung haben. Zeichen und Zeichenkombinationen meinen immer etwas, sie teilen etwas mit oder fordern zu etwas auf. Die Beziehung, die zwischen Zeichenformen und dem Gemeinten besteht, wird *semantische* Beziehung genannt (dies ist zunächst eine ganz vorläufige Erklärung, die nachfolgend präzisiert wird).

d) Zu jedem Mitteilungsprozeß mittels Zeichen — oder allgemeiner: zu einem Sprechakt — gehört immer mindestens ein Zeichengeber und ein Zeichenempfänger. Im Falle der natürlichen Sprachen sind dies Menschen — im übrigen gibt es prinzipiell und tatsächlich jedoch auch noch andere Möglichkeiten: in dem Verhältnis Zeichengeber – Zeichenempfänger können involviert sein: Tiere (Bienen), Computer als Zeichengeber und Zeichenempfänger. Die Beziehungen zwischen Zeichengeber und Zeichenempfänger einerseits und den Zeichen oder Zeichenkombinationen andererseits werden *pragmatische* Beziehungen genannt. Solche Beziehungen können z. B. sein: psychologische oder andere Bedingungen, die einen Zeichengeber veranlassen, ein bestimmtes Zeichen zu gebrauchen. Typische pragmatische Beziehungen werden z. B. in natürlichen Sprachen durch den Gebrauch bestimmter Anredeformen ausgedrückt, der seinerseits von bestimmten soziologischen Faktoren determiniert ist.

3.2. Geschichtliches

Die Semiotik hat eine lange philosophische Tradition; in der griechischen Philosophie (bei Plato und Aristoteles) finden wir zeichentheoretische Überlegungen (z. B. im Dialog *Kratylos* und in *peri hermeneias*). In der Schule der Stoa erreichte die Semiotik einen ersten Höhepunkt: die Stoiker haben schon klar unterschieden zwischen einem materiellen Ding, das abgebildet werden soll, dem materiellen Symbol (Zeichen bzw. Zeichenform), das die Abbildung leistet und der Bedeutung, die als eine begriffliche Abstraktion über einer bestimmten Dingmenge aufgefaßt werden kann.

In den Werken der mittelalterlichen Scholastik finden sich weitere bedeutende Einsichten in die Zeichentheorie. (Vgl. z. B. Jan Pinborg, *Die Entwicklung der Sprachtheorie im Mittelalter,* 1967 und Pinborg 1972). Eine neue Blütezeit erlebte die Semiotik in der rationalistischen und empiristischen Philosophie des 17. und 18. Jahrhunderts (Schule von Port-Royal, Leibniz, Locke, Hume). Im 19. Jahrhundert dagegen trat das Interesse an zeichentheoretischen Fragen weitgehend zurück. In den sprachphilosophischen Werken J. G. Herders und W. v. Humboldts geht es z. B. nicht um eine logische oder allgemein-zeichentheoretische Analyse der Sprache, sondern um Fragen nach dem Ursprung und der Entwicklung der Sprache (bzw. einzelner Sprachen). Bei Humboldt wird die Rolle der Sprache als Ausdruck der schöpferischen Vernunft des Menschen besonders betont. Die Beziehungen dieser Art von Sprachbetrachtung zur klassischen idealistischen Philosophie des ausgehenden 18. und beginnenden 19. Jh. sind offensichtlich.

Erst gegen Ende des 19. Jh. und zu Beginn unseres Jahrhunderts traten semiotische Probleme wieder in den Kreis der Forschung ein. Hierbei sind in den Bereichen Erkenntnistheorie und Grundlagenmathematik besonders zu nennen: Ch. S. Peirce, G. Frege, B. Russell, L. Wittgenstein. Auf sprachwissenschaftlicher Seite ist für einen Neubeginn der semiotisch fundierten Sprachwissenschaft zu nennen: F. de Saussure mit seinem epochemachenden Werk *Cours de linguistique générale* (Paris 1916). Man vergleiche seine berühmt gewordene Einordnung der Linguistik in die Semiotik: „La linguistique n'est qu'une partie de cette science générale [i. e. sémiologie], les lois que découvrira la sémiologie seront applicables à la linguistique, et celle-ci se trouvera ainsi rattachée à un domaine bien défini dans l'ensemble des faits humains" (*Cours . . .* p. 33).

Seinen Forschungsinteressen gemäß versteht de Saussure die Semiotik (das entspricht seiner „sémiologie") nicht nur als ein Gebiet, das ausschließlich in den kühlen Höhen der Erkenntnistheorie oder Grundlagenmathematik anzusiedeln ist; vielmehr bringt er als wesentliches Moment die pragmatisch-soziale Komponente mit ins Spiel wenn er sagt: „On peut donc concevoir une science qui étudie la vie des signes au sein de la vie sociale . . ." (p. 33).

In den 30er Jahren unseres Jahrhunderts war es Charles W. Morris, der das Postulat de Saussures nach einer „allgemeinen Wissenschaft von Zeichen" durch seinen Entwurf „Foundations of the Theory of Signs" (1938) im Ansatz eingelöst hat. Morris selbst stützt sich wesentlich auf die Arbeiten von Ch. S. Peirce, R. Carnap und allgemein auf die Schule des Neopositivismus.

3.3. Dimensionen der Semiotik als Zeichentheorie

Im folgenden sollen nun die Dimensionen der allgemeinen Zeichentheorie etwas ausführlicher dargestellt werden (und zwar unter besonderer Berücksichtigung der Semantik). Ein solches Vorgehen läßt

25

sich nicht nur mit der grundsätzlichen Bedeutung der Zeichentheorie für jedes wissenschaftliche Tun überhaupt rechtfertigen; vielmehr steht die Linguistik – und in ihr wiederum die Semantik in einer besonders engen Beziehung zur Semiotik. Was vorher für das Verhältnis zwischen logischer und linguistischer Semantik festgestellt wurde, gilt in einem noch weit allgemeineren Maße für das Verhältnis Semiotik–Linguistik (bzw. für das hier überwiegend behandelte Verhältnis Semantik als Komponente der Semiotik – linguistische Semantik): die Semiotik als allgemeine Zeichentheorie kann als theoretisches Paradigma für die als semiotischer Spezialfall aufzufassende Linguistik gelten. *Paradigma* heißt hier: die Semiotik kann als Metatheorie für linguistische Bereiche wie Syntax und Semantik aufgefaßt werden, insofern in der Semiotik Grundbegriffe wie „Zeichen", „Bedeutung" etc., eingeführt und definiert werden, die bei der Konstruktion entsprechender linguistischer Theorien bzw. Erarbeitung spezieller linguistischer Analysen als brauchbare Elemente der Beschreibungssprache (= linguistische Fachsprache) eingesetzt werden können. Da diese Grundbegriffe („Zeichen" etc.) im Rahmen der Semiotik als einer *Theorie* nicht zusammenhanglos eingeführt sind, sondern gegenseitig aufeinander bezogen sind, ist es möglich, sie auf ihre Stimmigkeit im Verhältnis zueinander zu prüfen.

Es wurde schon in der Einleitung zu diesem Kapitel darauf hingewiesen, daß sich die mittlerweile klassisch gewordene Fassung einer allgemeinen Zeichentheorie aus drei aufeinander bezogenen Komponenten zusammensetzt:

Syntax
Semantik
Pragmatik.

Die allgemeinste Voraussetzung für die Beziehungen dieser Komponenten aufeinander ist der Zeichenbegriff (auf den wir gesondert in den folgenden Abschnitten und zu Beginn des nächsten Kapitels im einzelnen zu sprechen kommen werden); genauer gesagt, handelt es sich bei dieser Voraussetzung um die Form eines Zeichens (im Sinne von de Saussures „signifiant"), also – im Bereich der Sprache – um bestimmte Lautketten oder Folgen von Buchstaben.

Daß es sich hierbei um einen zentralen Begriff handelt, macht schon eine sehr einfache Überlegung deutlich:

1. *Syntax* setzt den Begriff der Zeichenform voraus, insofern „Syntax" sich mit der „Zusammenordnung" von Zeichenformen beschäftigt.
2. *Semantik* setzt diesen Begriff der Zeichenform ebenfalls voraus; eine wie auch immer geartete Bedeutung braucht einen „Träger" (eben die Form eines Zeichens), durch den sie erst zur Bedeutung eines Zeichens wird.
3. *Pragmatik* setzt schließlich den Begriff der Zeichenform mittelbar auch voraus, insofern die Teilnehmer an Kommunikationshandlungen – die Menschen – sich, um Kommunikation erfolgreich gestalten zu können, bedeutungstragender Zeichenformen bedienen müssen.

Auf irgendwelche Zeichensysteme bezogen – insbeondere aber im Falle unserer natürlichen Sprachen – gilt, daß alle drei genannten Aspekte, welche die Zeichentheorie konstituieren, für semiotische Prozesse (d. h. Kommunikationshandlungen) essentiell notwendig sind. Notwendig deshalb, weil sie alle drei an der Definition des Zeichens bzw. der Zeichenform unabdingbar beteiligt sind.

Wir haben bisher nur postuliert, daß der Begriff der Zeichenform vorauszusetzen ist, um sinnvoll von Syntax, Semantik und Pragmatig reden zu können. Unter diesen drei Komponenten ist nun aber ihrerseits wiederum eine Hierarchie der Abhängigkeit zu erkennen:

1'. Es erscheint evident, bzw. es ergibt sich mit analytischer Notwentigkeit, daß der *Syntax*begriff (im allgemeinsten Sinne) etwas voraussetzt, das „zusammengeordnet" werden kann; dies sind Zeichenformen.
2'. Die *Semantik* ihrerseits setzt die Syntax voraus. Diese Behauptung ist etwas schwieriger einzusehen: grundsätzlich könnte man sich ein Sprachspiel (im Sinne Wittgensteins) vorstellen, in dem nur ein einziger Zeichenausdruck existiert (z. B. irgendeine Exklamation, ein Befehl). In diesem Sprachspiel wäre die syntak-

tische Dimension = „Null", da es keine anderen Zeichenformen gibt, die kombiniert werden könnten. Dieser theoretisch mögliche Extremfall einer Sprache fällt als Extremfall trotzdem in das System der Semiotik.

Alle interessanten Zeichensysteme (Sprachen) haben jedoch mehrere Zeichenformen in ihrem „Lexikon" und praktisch alle Ausdrücke jeder Sprache, die für Kommunikationsziele eingesetzt werden, sind aus mehreren Zeichenformen zusammengesetzt. Insofern kann man nun sagen, daß die Semantik – verstanden als inhaltliche Interpretation von Reihen von Zeichenformen – die Syntax voraussetzt.

3'. Die *Pragmatik* schließlich, die die Beziehungen zwischen Zeichenbenutzern (Sender / Empfänger) und sprachlichen Ausdrücken zu beschreiben hat, setzt ihrerseits sowohl die syntaktische wie die semantische Dimension von semiotischen Prozessen voraus. Ein wesentlich pragmatisches Moment in einem Kommunikationsakt ist etwa die Art der Beeinflussung, die ein Sprecher (Sender) mittels entsprechend geformter Zeichenketten beim Hörer (Empfänger) erreichen will. Denken wir an eine politische Rede, so ist es klar, daß der Redner bei seinen Zuhörern etwas erreichen will, nämlich die Annahme der von ihm vertretenen Überzeugungen. Um dies nun zu erreichen, muß er sich Ketten von Zeichenformen bedienen, die einmal syntaktisch wohlgeformt sind *und* die weiterhin auch semantisch kohärent sind (in bezug auf das letztere gibt es in der politischen Praxis allerdings Grenzfälle, bei denen die semantische Dimension – unter Heranziehung streng rationaler Kriterien – gegen Null strebt).

3.4. Allgemeine und angewandte Semiotik

Bevor wir zu einer eingehenderen Darstellung der semantischen Komponente innerhalb der Semiotik kommen, soll noch auf eine weitere wichtige Aufgabenteilung in der Semiotik hingewiesen werden.

Analog zu der Unterscheidung wie sie z. B. zwischen theoretischer und angewandter Physik, theoretischer (oder allgemeiner) und angewandter Sprachwissenschaft üblicherweise getroffen wird, kann auch im Bereich der Semiotik zwischen einem theoretischen und angewandten Aspekt unterschieden werden.

In der theoretischen (allgemeinen, reinen) Semiotik werden abstrakte, für den ganzen Bereich der Zeichenverwendung allgemein gültige Aussagen gemacht (z. B. die eben besprochene Dreiteilung in Syntax, Semantik und Pragmatik; diese Einteilung soll für alle Zeichensysteme gelten); weiterhin werden in der theoretischen Semiotik systematisch die zur Beschreibung aller Zeichensysteme notwendigen Grundbegriffe definiert (z. B. „Zeichen", „Bedeutung", „Bezeichnung" etc.).

In der angewandten Semiotik werden sowohl „künstliche" (d. h. konstruierte) wie auch „natürliche" Zeichensysteme untersucht. G. Klaus dagegen rechnet in seinem Buch *Semiotik und Erkenntnistheorie* (S. 61) die „künstlichen" Zeichensysteme, also z. B. Symbolsprachen, wie sie in der zeitgenössischen Logik gebraucht werden, zum Bereich der „reinen" (= theoretischen) Semiotik. Diese Auffassung scheint nicht zwingend zu sein; insofern nämlich irgendwelche künstlichen Symbolsprachen bzw. Zeichensysteme in einer bestimmten Absicht konstruiert werden. Bei der Darstellung von Sachverhaltsstrukturen bestimmter Gegenstandsbereiche, mögen diese auch noch so abstrakt sein, handelt es sich immer um *Anwendungsfälle* allgemeinster semiotischer Prinzipien, folglich also um den Bereich der angewandten Semiotik. Klaus hat dagegen Recht, wenn er einen bedeutsamen methodologischen Unterschied zwischen der Behandlung „künstlicher" und „natürlicher" Sprachen feststellt: „Im Fall gegebener, natürlicher Sprachen kann deren Syntax [und Semantik, Pragmatik] nur feststellen und beschreiben, welche Beziehungen zwischen ihren Wörtern, Wortgruppen und Sätzen bestehen können; sie kann die Beziehungen aber nicht festlegen oder konstruieren. Wird hingegen die Syntax einer künstlichen Sprache aufgestellt, so wird in dieser Beschreibung zugleich festgelegt, welche Beziehungen zwischen den Zeichen und Ausdrücken dieser Sprache möglich sein sollen, welche Ausdrücke wohlgeformt sind usw. Diese Syntax beschreibt also nicht gegebene Verhältnisse, sondern legt Verhältnisse fest, die in der beschriebenen konstruierten Sprache gelten sollen. Entsprechendes gilt für die Semantik."

3.5. Semiotik und linguistische Semantik

Was kann nun die semantische und – wie wir noch sehen werden – auch die pragmatische Komponente der Semiotik zur Klärung linguistisch-semantischer Probleme beitragen?

Morris (1938, 21 ff.) beschreibt die semantische Dimension semiotischer Strukturen bzw. Prozesse (Kommunikation) folgendermaßen:

Im Unterschied zu den Formations- und Transformationsregeln des syntaktischen Bereichs – *syntaktische Regeln* operieren ausschließlich auf Abfolgen von bestimmten Symbolen (d. h. Zeichenformen) – beziehen sich *semantische Regeln* auf die Abbildungsbeziehungen, die zwischen Abfolgen von Zeichenformen einerseits und Objekten oder Sachverhalten andererseits bestehen müssen. Die *Notwendigkeit* solcher Abbildungsbeziehungen ist deshalb gegeben, weil sonst die wesentliche Bedingung eines semiotischen Prozesses, nämlich die Vermittlung von Informationen durch Abfolgen von Zeichenformen, nicht erfüllt wäre. (Über den erkenntnistheoretischen Status der möglichen Arten von „Objekten" etc., die als semantische Entitäten in einer Abbildungsbeziehung zu syntaktisch geformten Zeichenformen stehen, werden wir bei der Einzeldiskussion der Begriffe „Bedeutung" und „Bezeichnung" im Kapitel 4 zu sprechen haben.)

Zum Begriff „semantische Regel" sagt Morris (S. 23) im einzelnen:

„... ,semantical rule' designates within semiotic a rule which determines under which conditions a sign is applicable to an object or situation; such rules correlate

„... ,semantische Regel' bedeutet innerhalb der Semiotik eine Regel, die festlegt, unter welchen Bedingungen ein Zeichen auf einen Gegenstand oder einen

signs and situations denotable by the signs."

Sachverhalt anwendbar ist; solche Regeln korrelieren Zeichen und Sachverhalte, die durch die Zeichen bezeichnet werden können."

Eine semantische Regel korreliert also „Objekte, Sachverhalte oder Situationen" mit bestimmten Zeichenformen; wesentlich dabei ist, daß die Bedingungen anzugeben sind, unter denen eine solche Korrelation zulässig ist.

Es ist eine empirisch triviale Tatsache, daß die Korrelation – oder besser „Abbildung" – von „Objekten, Sachverhalten oder Situationen" auf bestimmte Zeichenformen oder Reihen von Zeichenformen im Falle von natürlichen Sprachen von Sprache zu Sprache verschieden ist. Einfacher ausgedrückt heißt dies nichts anderes, als daß z. B. der Begriff oder die Klasse, die durch den Ausdruck *Pferd* bezeichnet wird, in verschiedenen Sprachen durch jeweils verschiedene Zeichenformen repräsentiert (abgebildet) wird: *Pferd, horse, cheval, caballo,* etc. Nicht-trivial und im Einzelfall schwierig nachzuweisen ist dagegen die Tatsache, daß in einer Sprache eine bestimmte Begriffsbildung als Bedeutung mit einer Zeichenform verbunden ist und in einer anderen Sprache *keine* Entsprechung in einer *einzelnen* Zeichenform findet (dies ist insbesondere bei Begriffsbildungen der Fall, die einer Sprachgemeinschaft eigentümliche und dort relevante kulturelle, religiöse etc. Phänomene betreffen).

Wie könnte nun der im vorangegangenen Morris-Zitat enthaltene zentrale Begriff der „semantischen Regel" expliziert werden?

Gegeben sei eine Menge von Objekten oder Sachverhalten $\{x_1 \ldots x_n\}$, gegeben sei weiterhin eine wohlstrukturierte Menge begrifflicher Merkmale $\{\alpha, \beta \ldots \varepsilon\}$. Diese Merkmalmenge werde von jedem der Elemente der Menge $\{x_1 \ldots x_n\}$ erfüllt bzw. jedes Element der Menge $\{x_1 \ldots x_n\}$ werde durch die Menge $\{\alpha, \beta \ldots \varepsilon\}$ in seiner begrifflichen Substanz ausreichend charakterisiert. Über den ontologischen oder erkenntnistheoretischen Status der Mengen $\{x_1 \ldots x_n\}$ und $\{\alpha, \beta \ldots \varepsilon\}$ und ihrer Elemente soll hier noch nicht reflektiert werden. Entsprechend der heutigen verzweigten Forschungslage in diesem Bereich ergeben sich mehrere Interpretationsschemata (vgl. Kapitel 4 und die für den angesprochenen Zusammenhang relevante Arbeit von S. J. Schmidt, *Bedeutung und Begriff. Zur Fundierung einer sprachphilosophischen Semantik.* Braunschweig 1969). Damit sinnvoll von einer semantischen Regel gesprochen werden kann, muß das Verhältnis der genannten beiden Mengen um einen weiteren Faktor erweitert werden: eine Zeichenform A; dem entspricht in natürlichen Sprachen die Äquivalenzklasse von Laut- oder Buchstabenfolgen, die als die einfache, nichtzusammengesetzte Form eines Wortes (Morphem) aufgefaßt werden können. Eine semantische Regel stellt nun eine Abbildungsbeziehung her zwischen der Menge $\{x_1 \dots x_n\}$ – deren Elemente jeweils durch die Merkmalmenge $\{\alpha, \beta \dots \varepsilon\}$ charakterisiert sind – und der Zeichenform A. Man kann auch sagen, daß die Zeichenform A die Menge $\{x_1 \dots x_n\}$, deren Elemente durch die Merkmalsmenge $\{\alpha, \beta \dots \varepsilon\}$ charakterisiert sind, bedeutet. Damit *einzelne* Elemente der Menge $\{x_1 \dots x_n\}$ zu der Zeichenform A in eine Bezeichnungsrelation gebracht werden können, bedarf die Zeichenform A in einem Satzkontext sog. Quantifikatoren, die bestimmen, wieviel und welche Elemente der Menge $\{x_1 \dots x_n\}$ in einer bestimmten Kommunikationssituation benannt werden sollen. Zeichenformen, die dieser Bedingung unterliegen, werden gemeinhin zur Klasse der konkreten oder abstrakten Substantive gezählt (*die Bücher; die Freiheiten des Volkes* etc.). Die Bezeichnungsproblematik fällt dagegen bei nichtquantifizierten Wörtern wie *laufen, in, und* in dem Satz *Die Kinder laufen und springen in den Wald* weg; diese Wörter bezeichnen keine *einzelnen* Gegenstände, Prozesse oder Handlungen, sie bedeuten lediglich die Prädikate „laufen", „in", „und". Damit kann an die vorhergegangene Morrissche Definition des Begriffs „semantische Regel" angeknüpft werden: Eine Zeichenform A kann auf Elemente der Menge $\{x_1 \dots x_n\}$ „angewandt" werden, wenn das oder die Elemente die Bedingungen, die in der Merkmalsmenge $\{\alpha, \beta \dots \varepsilon\}$ niedergelegt sind, erfüllen. Wir sagen also nicht, daß eine Zeichenform A diese Elemente *bezeichnet* (hier ist Morris, vgl. das folgende Zitat, zu präzisieren); bezeichnen kann eine Zeichenform A – wenn es sich nicht um den Grenzfall eines Eigennamens handelt – nur im Rahmen einer Kennzeichnung (*der, die, einige* … x), also durch Hinzuziehung eines quantifizierenden Zeichens.

Grundsätzlich wäre es möglich, semantische Regeln auch ohne Zuhilfenahme der die Menge $\{x_1 \dots x_n\}$ charakterisierenden begrifflichen Merkmalmenge $\{\alpha, \beta \dots \varepsilon\}$ zu formulieren. Das Problem wäre dann aber, daß jedes Element von $\{x_1 \dots x_n\}$ als solches durch materiellen Aufweis (eindeutige bildliche Darstellung o. ä.) als Individuum gekennzeichnet sein müßte. Die vorhergenannten Bedingungen der Anwendbarkeit einer Zeichenform A auf Elemente der Menge $\{x_1 \dots x_n\}$ würden dann in dem Aufweis der so und so individualisierten Elemente $x_1 \dots x_n$ liegen. Dieses Verfahren ist im Falle von natürlichen Sprachen unmöglich, da wir die Gegenstände/ Sachverhalte über die wir reden, als Elemente einer bestimmten Menge praktisch nie vollständig aufzählen können. In diese Lücke tritt die Merkmalmenge $\{\alpha, \beta \dots \varepsilon\}$ ein, die in diesem Zusammenhang als Entscheidungskriterium und damit als Bedingung dafür wirkt, ob ein beliebiger Gegenstand Element der Menge $\{x_1 \dots x_n\}$ ist oder nicht. Damit fungiert die begriffliche Merkmalmenge $\{\alpha, \beta \dots \varepsilon\}$ als wesentliche Konstituente einer semantischen Regel für die Abbildung von Mengen der Art $\{x_1 \dots x_n\}$ auf Zeichenformen der Art A. Bei der Beschreibung natürlicher Sprachen geschieht die Abbildung von Zeichenformen $A_1 \dots A_n$ auf Mengen der Art $\{x_1 \dots x_n\}$ traditionell durch das Lexikon. Dabei wird bei „Bedeutungsangaben" im Lexikon nicht immer scharf unterschieden zwischen der Nennung gleichbedeutender Wörter und der Angabe von semantischen Merkmalen, die die Anwendung einer Zeichenform bestimmen (also Mengen wie $\{\alpha, \beta \dots \varepsilon\}$).

In dem folgenden Zitat präzisiert Morris die Beziehungen, die zwischen einer Zeichenform A, der Menge $\{x_1 \dots x_n\}$ und der Merkmalmenge $\{\alpha, \beta \dots \varepsilon\}$ bestehen müssen, damit sie als Konstituenten einer semantischen Regel fungieren können. Dabei ist unter „Designatum" die Menge von Gegenständen / Sachverhalten $\{x_1 \dots x_n\}$ – also die Bedeutung einer Zeichenform A – zu verstehen, die sich aus der positiven Erfüllung der Merkmals- oder Bedingungsmenge $\{\alpha, \beta \dots \varepsilon\}$ ergibt.

„A sign denotes whatever conforms to the conditions laid down in the semantical rule,

„Ein Zeichen bezeichnet all das, was mit den in der semantischen Regel niedergelegten Bedingun-

while the rule itself states the conditions of designation and so determines the designatum (the class or kind of denotata)."

gen übereinstimmt; die Regel selbst stellt die Designationsbedingungen fest und bestimmt so das Designatum (die Klasse oder Art der Denotata)."

(S. 23)

Wir haben im Vorhergehenden bewußt von Zeichen*formen* gesprochen, als es darum ging, die Konstituenten einer semantischen Regel zu erläutern; in dem obigen Zitat spricht Morris jedoch von „Zeichen" als einer solchen Konstituente. Ohne auf eine mögliche – und je nach Darstellungsperspektive notwendige – Differenzierung der hier nur angedeuteten Problematik eingehen zu wollen, halte ich es im Rahmen der hier vorgeführten relativ groben semiotischen Erklärung der Struktur einer semantischen Regel für vertretbar, die Morrissche Verwendung von „sign" mit derjenigen von „Zeichenform" gleichzusetzen. Unter „Zeichen" verstehe ich die einzelsprachlich je verschiedene, konventionell feste Korrelation einer Zeichenform A mit ihrem Designatum (Bedeutung). (Vgl. zu dem angedeuteten Problemkreis die ausführliche Arbeit von H. E. Wiegand, „Synchronische Onomasiologie und Semasiologie" in: *Germanistische Linguistik* 3 / 1970, 243-384).

Durch die vorhergegangene Diskussion der Konstituenten einer semantischen Regel nach Morris lassen sich nun im Zusammenhang mit dem letzten Zitat die Beziehungen der Konstituenten zueinander und damit eine mögliche Struktur einer semantischen Regel folgendermaßen diagrammatisch darstellen:

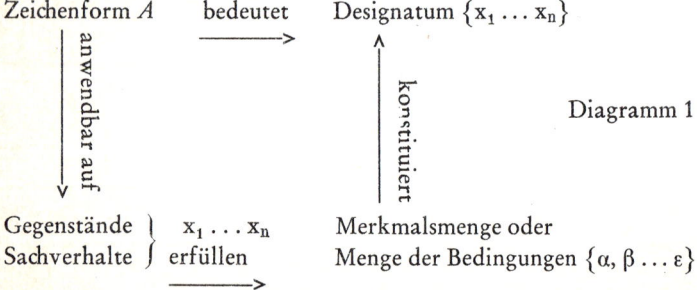

Diagramm 1

Damit unser Versuch der Interpretation von Morris' semantischer Regel nicht nur im abstrakten Bereich stehen bleibt, soll dieses Regelschema an einem vereinfachten Fall „durchgespielt" werden:

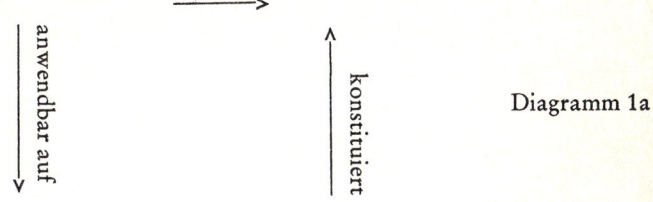

Diagramm 1a

Erklärungen: die Buchstabenfolge *Student* steht hier repräsentativ auch für die akustischen Realisierungsmöglichkeiten dieses deutschen Wortes.

Der Ausdruck „Designatum {Student}" steht für die Klasse der Studenten (extensional gesprochen) oder – was gleichbedeutend ist – für den Begriff „Student"; also der Bedeutung der Zeichenform *Student* (intensional gesprochen).

Die Merkmals- oder Bedingungsmenge {an einer Hochschule immatrikuliert ... } konstituiert das Designatum oder die Bedeutung der Zeichenform *Student*.

Die Gegenstände $x_1 \ldots x_n$ müssen so beschaffen sein, daß sie die Merkmals- oder Bedingungsmenge {an einer Hochschule immatrikuliert ...} erfüllen. $x_1 \ldots x_n$ müssen also Studenten sein; dann kann die Zeichenform *Student* auf sie angewandt werden.

Wir sehen nun, daß diese Auffassung über die Zusammenhänge zwischen „Zeichenform", „Denotata", „Designatum" und „Merkmals- oder Bedingungsmenge" sich weitgehend mit dem Wittgensteinschen Dictum deckt: „Don't look for the meaning [of a word], look for its use". Trotzdem ist – weder aus Morris, noch aus Wittgenstein – die These abzuleiten, die Bedeutung von Zeichen sei identisch mit den Regeln ihres Gebrauchs.

Wie wir bei den Diagrammen 1 und 1a und den diese begleitenden Erklärungen gesehen haben, ist bei der Aufstellung einer semantischen Regel zu unterscheiden zwischen den Beziehungen, die die relationale Struktur einer solchen Regel ausmachen und den theoretischen Begriffen, die durch Beziehungen miteinander verknüpft werden. Von einem heuristisch-analytischen Standpunkt her betont diesen Unterschied auch L. Antal in seinem Buch *Content, Meaning, and Understanding* (1964), wenn er sagt: „It is indisputable that meaning manifests itself in this regularity [Regularität des Gebrauchs von Zeichenformen unter bestimmten Bedingungen] and we can only hope to know as much about meaning as is revealed in this regularity. In spite of this, it would be better to regard the regularity in the use of a word as the result and the meaning as the cause than to identify the regularity with the meaning." (S. 37).

Im Idealfall einer linguistisch-semantischen Beschreibung von Einheiten einer Sprache – die dem Untersuchenden vielleicht weitgehend unbekannt ist – müßte sich der formale Rahmen einer solchen semantischen Regel wie folgt bewähren (wir nehmen wiederum den einfachsten Fall eines Einzelwortes): eine bestimmte Zeichenform A wird isoliert (z. B. durch rein syntaktisch-morphologische Substitutionstests), der Untersuchende stellt eine Liste von Gegenständen $x_1, x_2 \ldots x_n$ auf, auf die kompetente Sprecher die Zeichenform A anwenden. Der nächste analytische Schritt besteht darin, die Regularitäten, d. h. die systematischen Bedingungen aufzudecken, die der Zuordnung von A zu $x_1, x_2 \ldots x_n$ zugrunde liegen. Diese Bedingungen bilden in dem hier angenommenen Fall die Unbekannte; sind sie gefunden, müssen sie sich an jedem weiteren Fall der Korrelation zwischen A und $x_1 \ldots x_n$ bewähren.

Das Designatum (= Bedeutung) von A kann nun aufgefaßt werden entweder als die Klasse der Gegenstände $x_1 \ldots x_n$ (die Aufzählung der Elemente einer solchen Klasse ist aber in natürlichen Sprachen wegen der Weite der vorkommenden Gegenstandsbereiche faktisch nicht möglich), oder als die Intension (= Begriff) einer solchen Klasse, repräsentiert durch begriffliche Merkmale, die mit den auf allgemeinste Form gebrachten Bedingungen der Zuordnung von A zu $x_1 \ldots x_n$ identisch sind. (Vgl. auch neuere extensional- und intensionallogische Definitionen von „Bedeutung" und „Bezeichnung" etwa bei Schnelle 1973, Kap. IV.)

3.6. Arten von Zeichen

Im weiteren Verlauf des 4. Kapitels seines Buches, in dem die semantische Komponente einer semiotischen Theorie ansatzweise diskutiert wird, kommt Morris noch auf verschiedene Arten von Zeichen in ihrer Beziehung zu verschiedenen Arten von Denotata zu sprechen.

1. *Index-Zeichen* (= Zeigzeichen).
   Dies können sein: z. B. hinweisende Gesten (davon abgeleitet manche Gebotsschilder im Straßenverkehr: z. B. $\rightarrow$ etc.); in natürlichen Sprachen sog. „Demonstrativpronomina" (*dieser, jener; da, dort* etc.). Auch für diese Zeichen gilt der allgemeine Rahmen semantischer Regeln; Bedingungen und damit „Designata" für den Gebrauch dieser Zeichen wären etwa: spatio-temporale Orientierung und Identifizierung von *beliebigen* Gegenständen, normalerweise – d. h. im Falle natürlicher Sprachen – bezogen auf den Sprecher. Indexzeichen können aber – im Gegensatz zu den gleich zu nennenden charakterisierenden Zeichen – keine Gebrauchsbedingungen haben, die über Qualitäten, Merkmale der durch sie bezeichneten Gegenstände Auskunft geben. Über die für Indexzeichen – besonders im Bereich natürlicher Sprachen – wesentliche pragmatische Dimension, das sind Beziehungen zu und Implikationen für Zeichenbenutzer(n), wird anschließend noch gesondert zu reden sein.

2. *Charakterisierende Zeichen:* bei dieser Art von Zeichen werden durch Angabe von Bedingungen ihres Gebrauchs Informationen über wesentliche Eigenschaften der durch sie bezeichneten Gegenstände vermittelt. In natürlichen Sprachen sind das etwa Klassennamen (Appellativa, Adjektiva, Verben), aber eben nicht die sog. Demonstrativpronomina.

Morris schreibt dazu:

„A characterizing sign characterizes that which it can denote. Such a sign may do this by exhibiting in itself the properties an object must have to be denoted by it, and in this case the characterizing sign is an *icon*; if this is not so, the characterizing sign may be called a *symbol*."

(S. 24)

„Ein charakterisierendes Zeichen charakterisiert dasjenige, was es bezeichnen kann. Ein solches Zeichen kann dies tun, indem es selbst die Eigenschaften [in seiner wahrnehmbaren Form] aufweist, die ein Gegenstand haben muß, um durch ein solches Zeichen bezeichnet werden zu können; in diesem Fall ist das charakterisierende Zeichen ein *ikonisches* Zeichen. Sind diese Bedingungen bei einem Zeichen nicht erfüllt, kann das charakterisierende Zeichen ein *Symbol* genannt werden."

Das, was Morris „symbol" nennt, entspricht den Zeichenformen, durch die die Elemente der obengenannten Wortklassen (etwa Substantive, Adjektive, Verben u. ä.) repräsentiert werden. Nach dem Prinzip der Arbitrarität zwischen Zeichenform und Bedeutung (de Saussure) kann aus der Zeichenform im Normalfall *nicht* auf Eigenschaften der durch diese Zeichenform bezeichneten Gegenstände oder auf die Bedeutung dieser Zeichenform geschlossen werden (vgl. *Pferd, horse, cheval* . . .).

Anders ist es bei *ikonischen* Zeichen, von denen Morris im ersten Teil des Zitats spricht: hier informiert schon die Zeichenform (-gestalt) über Eigenschaften des damit Bezeichneten. Nichtsprachliche Beispiele für ikonische Zeichen sind: Fotografien, Zeichnungen, Landkarten, geometrisierende Abbildungen chemischer, physikalischer Strukturen etc. Im Bereich natürlicher Sprachen gibt es in Randbereichen ebenfalls Fälle von ikonischen Zeichen, nämlich den Bereich der Onomatopoetica, das sind sog. lautmalende Wörter, z. B. *fließen, flitzen, flimmern* . . ., E: *crush, crash; squeak, squeal, squash, squirt, squirk* (unterbrochener, eruptiver Laut), etc., etc.

Diese Wörter geben uns durch ihren expressiven phonetischen Aufbau Informationen über grundsätzlich gleichartige oder ähnliche Gegenstände oder Prozesse (*fl-* z. B. fließende oder intermittierende Bewegung). Wie aus den Beispielen ersichtlich, beschränken sich sog. lautmalende Wörter keineswegs auf den akustischen Bereich, die Wörter *flitzen, flimmern* zeigen eine Übertragung primär akustischer Merkmale auf den optischen Bereich. Grundsätzlich können lautmalende Wörter zur expressiven Abbildung von Phänomenen aus allen Sinneswahrnehmungsbereichen dienen; hier ist das noch kaum systematisch und empirisch erforschte Gebiet der Synästhesie angesprochen. Es ist offensichtlich, daß natürliche Sprachen nur sehr begrenzt von lautmalenden oder ikonischen Zeichen Gebrauch machen; sonst hätte das Arbitraritätsprinzip in der Beziehung zwischen Zeichenform und Bedeutung keine Gültigkeit. Entsprechend sind die semantischen Probleme natürlicher Sprachen ganz überwiegend im Bereich der sog. „arbiträren" symbolisch-charakterisierenden Zeichen verankert. Man beachte im übrigen die teilweise beträchtlichen Unterschiede im lautlichen Aufbau lautmalender Wörter in verschiedenen Sprachen, die eigentlich dasselbe Phänomen darstellen sollen. (dt. *flüstern*, frz. *chuchoter*, span. *susurar*.)

Morris faßt die Eigenschaften charakterisierender Zeichen, mit ihren Untergruppen ikonische und symbolische Zeichen so zusammen:

„A photograph, a star chart, a model, a chemical diagram are icons, while the word ,photograph', the names of the stars and of chemical elements are symbols. A ,concept' may be regarded as a semantic rule determining the use of characterizing signs. The semantical rule for the use of icons is that they denote those objects which have the characteristics which they themselves have – or more usual-

„Eine Fotografie, eine Sternkarte, ein Modell, eine chemische Strukturformel sind ikonische Zeichen, dagegen sind Wörter wie „Fotografie", die Namen der Sterne und chemischer Elemente Symbole. Ein Begriff kann als eine semantische Regel betrachtet werden, die den Gebrauch charakterisierender Zeichen bestimmt. Die semantische Regel für den Gebrauch ikonischer Zeichen besteht darin, daß diese

ly a certain specified set of their characteristics. The semantical rule for the use of symbols must be stated in terms of other symbols whose rules or usages are not in question, ...".

(S. 24)

Zeichen jene Gegenstände bezeichnen, die Merkmale aufweisen, die solche Zeichen(formen) selbst haben. Normalerweise wird jedoch nur eine bestimmte Teilklasse von Merkmalen, die die so bezeichneten Gegenstände aufweisen, in der betreffenden Zeichenform abgebildet. Die semantischen Regeln für den Gebrauch von Symbolen müssen durch Verwendung anderer Symbole, deren Gebrauchsregeln nicht in Frage stehen, formuliert werden ...".

3.7. Semantik und Pragmatik

Wir haben gesehen, daß die semantische Dimension von semiotischen Prozessen uns einen Modellrahmen für allgemeinste semantische Fragestellungen im Bereich natürlicher Sprachen geben kann. Damit sind naturgemäß nicht alle spezifisch *linguistisch*-semantischen Probleme zu lösen, jedoch sollte die Explikation von allgemein-semantischen Grundbegriffen innerhalb des Rahmens der Zeichentheorie als *ein* mögliches Fundament für speziellere linguistisch-semantische Fragestellungen dienen können.

Eine wesentliche Ergänzung im Sinne der Anwendbarkeit von Kategorien der Semiotik auf linguistische Fragestellungen bietet die dritte Dimension semiotischer Prozesse (Syntax – Semantik – *Pragmatik*). Während in der Semantik – streng als semiotische Dimension verstanden – ausschließlich Abbildungsbeziehungen zwischen syntaktisch geformten Ausdrücken (Zeichenformen) und Gegenständen, Sachverhalten und damit auch Bedeutungen behandelt werden, betrifft die pragmatische Komponente die Beziehungen zwischen Zeichenbenutzern (Sprecher – Hörer, Schreiber – Leser) und syntaktisch geformten und semantisch interpretierbaren Zeichenreihen.

Eine systematische Strukturierung des Gesamtbereichs der Pragmatik liegt bis heute nicht vor (Vgl. aber Bar-Hillel 1971), deshalb seien wenigstens einige Aspekte der Pragmatik genannt, die insbesondere für linguistisch-semantische Fragestellungen relevant sind.

Wir hatten vor kurzem gesehen, daß sogenannte Index-Zeichen, soweit sie natürlichen Sprachen angehören, also z. B. *da, hier jetzt, gestern* etc. in ihren semantischen Bezügen nur zu verstehen sind, wenn der Sprecher, der diese Zeichen verwendet, als Faktor mit in die entsprechenden semantischen Regeln aufgenommen wird. Diese Tatsache zeigt auch, daß pragmatische Kriterien schon bisher in linguistisch-semantischen Analysen implizit eine Rolle gespielt haben.

Dasselbe gilt für eine Reihe von sogenannten modalen Satzadverbien wie *glücklicherweise, bedauerlicherweise, leider, offensichtlich* etc. Es ist immer jemand da, normalerweise der Sprecher eines entsprechenden Satzes, der das Bestehen eines Sachverhalts für glücklich oder für bedauerlich etc. hält.

Eine weitere Wortklasse – nämlich eine Teilklasse von Verben – bedarf zur Beschreibung der Satzstrukturen, in denen sie vorkommen können, der Einführung pragmatischer Faktoren. Es handelt sich um die sog. performativen Verben. (Vgl. dazu im einzelnen den illustrativen Beitrag von Z. Vendler. „Say what you think" in *Studies in Thought and Language* [ed. J. L. Cowan] Univ. of Arizona Press 1970 [79–97].)

Sagt jemand: „ich verspreche das und das", so beschreibt er damit keinen Sachverhalt, sondern vollzieht eine Handlung; er behauptet damit nichts, vielmehr begibt er sich mit dieser Äußerung in eine Selbstbindung; also das bloße Äußern hat – zumindest innerhalb unseres Systems von sozialen Normen – beträchtliche Konsequenzen. Weitere Beispiele: *taufen, ernennen, fragen, vergeben, befehlen, leugnen, zugeben* etc., etc.

Wir sehen, daß zu einer ausreichenden Beschreibung der Inhaltsstrukturen der gegebenen Beispiele pragmatische Faktoren (Zeichenbenutzer, Implikationen des Zeichengebrauchs für Zeichenbenutzer) zu berücksichtigen sind.

Morris (S. 35) stellt – parallel zu syntaktischen und semantischen Regeln bzw. Formen solcher Regeln – auch die Form „pragmatischer Regeln" auf:

„Syntactical rules determine the sign relations between sign vehicles; semantical rules correlate sign vehicles with other objects; pragmatical rules state the conditions in the interpreters under which the sign vehicle is a sign. ...

The full characterization of a language may now be given: A language in the full semiotical sense of the term is any intersubjective set of sign vehicles whose usage is determined by syntactical, semantical, and pragmatical rules."

„Syntaktische Regeln bestimmen die Beziehungen zwischen Zeichenformen; semantische Regeln bilden Zeichenformen auf andere Gegenstände ab; pragmatische Regeln stellen diejenigen Bedingungen bei Zeichenbenutzern fest, unter denen eine Zeichenform ein Zeichen ist. [Dies ist eine zu eingeschränkte Formulierung] ...

Als vollständige Kennzeichnung einer Sprache kann nun gelten: Eine Sprache in der vollen semiotischen Bedeutung des Wortes ist jede intersubjektiv verwendbare Menge von Zeichenformen, deren Gebrauch durch syntaktische, semantische und pragmatische Regeln bestimmt ist."

In seiner sehr lesbaren *Einführung in die Wissenschaftstheorie* 1 (1970) gibt Helmut Seiffert (S. 92) in einem ganz alltäglichen Beispiel eine allerdings vereinfachte Erklärung des Unterschieds zwischen semantischer und pragmatischer Dimension von semiotischen Prozessen: „... Am nächsten Morgen bringt die Post mir einen Steuerbescheid. Ich „verstehe" die Bedeutung dieses Bescheides dahin, daß ich aufgefordert werde, 600 DM Einkommensteuern nachzuzahlen. Aber bei diesem Verstehen des Textzusammenhanges kann ich es leider nicht bewenden lassen. Ich muß das Geld auch wirklich bezahlen."

Der semantische Aspekt von Seifferts Beispiel besteht darin, daß der Betroffene versteht, was in dem Steuerbescheid steht; er kennt also die relevanten semantischen Regeln. Zum anderen weiß der Betroffene auch um die pragmatischen Regeln, die einem Steuerbescheid zugrunde liegen („Sie werden aufgefordert ... binnen ...

zu zahlen"). Die Pragmatik eines solchen Textes ist also eng mit dem Finanz- und Rechtssystem unserer Gesellschaft verknüpft.

Der Leser sei hier zur Vertiefung der hier nur angedeuteten Problematik auf zwei Werke verwiesen: Maas/Wunderlich 1972 und Wunderlich (ed.) 1972.

Auf weitere Implikationen speziell pragmatisch-linguistischer Fragen gehen wir im Kapitel 6 näher ein.

4. EXPLIKATION EINIGER GRUNDBEGRIFFE DER LINGUISTISCHEN SEMANTIK

Im vorhergehenden Kapitel wurde versucht, Termini wie „Zeichen" bzw. „Zeichenform", „Bezeichnung" und „Bedeutung" im Rahmen der allgemeinen Zeichentheorie einzuführen und zu erklären. Dieses Kapitel hat das Ziel, die genannten Termini innerhalb eines engeren – nämlich sprachwissenschaftlichen – Rahmens für linguistische Fragestellungen weiter aufzuschließen und weitere damit mittelbar oder unmittelbar zusammenhängende linguistisch-theoretische Begriffe zu erläutern. Das folgende erhebt keinen Anspruch auf systematische Geschlossenheit, jedoch wird versucht, den heute einigermaßen überschaubaren Bereich der linguistischen Semantik in den gegenseitigen Abhängigkeiten der hier diskutierten Termini abzustecken. Dabei wird einmal auf das in der Semiotik gelegte Fundament Bezug genommen, zum anderen werden auch Hilfsbegriffe aus angrenzenden Wissenschaften (z. B. Logik und Informationstheorie) zur Erklärung linguistisch-semantischer Termini und ihrer Beziehungen zueinander herangezogen.

4.1.   Explikationen zum Zeichenbegriff

4.1.1. Unterschied zwischen Zeichen und Zeichenexemplar

Dieser Unterschied soll zunächst konkret verdeutlicht werden: man kann annehmen, daß jedes Zeichen aus einer „Zeigehandlung" (vgl. Etymologie!) entstanden ist. Ein Beispiel für eine alltägliche Zeigehandlung (nach Seiffert 1970, 81 f.) ist: „Ein Radfahrer streckt den linken Arm aus, um damit anzuzeigen, daß er links abbiegen will. Das kann zunächst ein einmaliger Vorgang sein, das heißt: irgendein Radfahrer hat sich diese Handlung als Ankündigung dafür ausgedacht, daß er links abbiegen will. Es ist durchaus denkbar, daß die übrigen Verkehrsteilnehmer diese Handlung auch richtig als eine solche Ankündigung verstehen, obwohl sie sie noch nie zuvor gesehen haben.

Nun gehen die Menschen aber einen Schritt weiter. Sie vereinbaren, daß die Handlung ‚Ausstrecken des linken Armes‘ immer, überall und von einer beliebigen Person ausgeführt bedeuten soll: ‚Ich will jetzt hier links abbiegen.‘

Damit ist die Zeigehandlung zu einem Zeigehandlungsschema erstarrt. Dieses Schema steht immer und überall bereit, verwendet zu werden.

Ein solches immer verfügbares Zeigehandlungsschema wird nun ein Zeichen genannt.

Und zwar ist ein solches Zeichen, als Handlungs-Schema, zunächst nur eine potentielle Handlung. Das heißt: ich weiß, daß ich bei Bedarf nur den Arm auszustrecken brauche, um anzuzeigen, daß ich abbiegen will.

In dem Augenblick aber, wo ich auf der Straße den Arm wirklich ausstrecke, weil ich jetzt abbiegen will, wird die potentielle zur aktuellen Handlung, das Zeichen als verfügbares Handlungsschema zum Zeichen, das tatsächlich in diesem Augenblick gegeben wird.“

Analog zu der Unterscheidung zwischen „Zeigehandlungsschema“ (= potentielle Zeigehandlung) und „aktueller Zeigehandlung“ können wir das Verhältnis zwischen einem sprachlichen Zeichen (Morphem, Wort) als Einheit eines Sprachsystems (langue) und seiner im Sprech- oder Schreibakt sich jeweils neu vollziehenden Realisierung (parole) auffassen. Ein sprachliches Zeichen als Einheit eines Sprachsystems (z. B. irgendeine Einzelsprache) – nehmen wir *book* – ist die Abstraktionsklasse seiner möglichen aktuellen Realisierungen als „[buk]“, „book“, „book“ etc. Die aktuellen Realisierungen eines Zeichens zeigen – soweit sie akustisch wahrnehmbar sind – gewisse substantielle Invarianzen; d. h. bestimmte Merkmale müssen bei allen Zeichenrealisierungen gleich sein. Bei optisch realisierten Zeichen brauchen solche Invarianzbedingungen nicht in gleichem Maße gegeben zu sein. Dies ergibt sich schon aus der Möglichkeit, z. B. griechisch, arabisch etc. geschriebene Texte in „lateinische“ Schrift zu transliterieren. Auf weitere, mit solchen Abbildungen verbundene

Probleme soll hier nicht weiter eingegangen werden. Zeichenexemplare oder „tokens" sind als Resultat eines Schemas (Regel), das die wesentlichen Bedingungen der Konstitution eines Zeichens („type") umfaßt, jeweils materielle Gebilde.

Diese wesentlichen Bedingungen der Konstitution eines Zeichens beziehen sich in diesem Zusammenhang zunächst nur auf Eigenschaften, die die Gestalt eines Zeichens (seine Form) erfüllen muß. Je nach dem Medium, in dem ein Zeichen realisiert oder aktualisiert werden soll, gelten dafür besondere Bedingungen: im akustischen Medium „distinktive Merkmale", die Phoneme (Lauttypen) kennzeichnen, im optischen Medium je nach Schriftart verschiedene „distinktive Merkmale", die Grapheme (Buchstaben) kennzeichnen. Jedoch gibt es sowohl zwischen den je nach Schriftart verschieden aktualisierten Zeichen, als auch zwischen akustisch und optisch realisierten Zeichen Abbildungsbeziehungen, die allerdings nicht immer im 1:1-Verhältnis stehen.

Hingewiesen sei in dem Zusammenhang, der Zeichen (als „types") und ihre Konstitution aus kleineren Einheiten („distinktive Merkmale", Phoneme, Grapheme) betrifft, auf das von A. Martinet neuerdings wieder aufgestellte Prinzip der „doppelten Artikulation". Damit ist das für alle natürlichen Sprachen geltende Prinzip gemeint, demzufolge es in jeder Sprache Minimalzeichen (Morpheme) gibt, die nicht weiter in bedeutungstragende Einheiten zerlegt werden können (z. B. *Fenster*; *Fe-+-nster* oder sonst eine beliebige Abtrennung ergibt keine sinntragenden Elemente). Die Hieroglyphenschrift ist ein Spezialfall: als Bilderschrift können ihre Einheiten nicht weiter zerlegt werden; wird die Sprache jedoch gesprochen, hat auch sie ein Phonemsystem. Die Ebene der bedeutungstragenden Minimalzeichen wird von Martinet als „erste Artikulation" bezeichnet. Die Elemente dagegen, aus denen Zeichen zusammengesetzt sind, („distinctive features" oder Phoneme, Grapheme) sind *nicht* bedeutungstragend, sie sind sozusagen nur die Bausteine für Einheiten der Zeichenebene. Die Ebene eines sprachlichen Systems, auf der Bausteine für Einheiten der Zeichenebene beschrieben werden, wird von Martinet „zweite Artikulation" genannt. Dieses Prinzip, das für alle natürlichen Sprachen gilt, ist informationstheoretisch höchst interessant. Unsere Sprachen können nur deshalb relativ gut funktionieren, weil ihre minimalen Bausteine sich nach ökonomischen Grundsätzen zu höheren Einheiten zusammensetzen lassen (Phoneme / Grapheme → Morpheme → Wörter → Sätzen → Texten). Mit ca. 30-40 Phonemen (oder z. B. 24 Buchstaben) können alle Äußerungen in einer bestimmten Sprache repräsentiert werden; diese Zahl verringert sich, wenn statt der Einheit „Phonem" oder „Graphem", die Einheit „distinktives Merkmal" genommen wird.

Wenn wir im folgenden von „Zeichen" oder „Zeichenformen" sprechen, beziehen wir uns – wenn nicht besonders angegeben – immer auf das Zeichen als Einheit eines Sprachsystems, also auf eine Abstraktionsklasse.

4.1.2. Bedingungen für Zeichenkonstitution

Der Begriff eines Zeichens ist nicht wie ein einfacher Gegenstandsbegriff, wie z. B. „Haus", „Baum" etc. aufzufassen. Vielmehr ist der Zeichenbegriff ein relationaler Begriff, insofern wir zur Definition von „Zeichen" Beziehungen heranziehen müssen.

Diese Beziehungen sollen in den folgenden 4 Bedingungen genannt werden; nur bei Erfüllung dieser Bedingungen kann z. B. eine bestimmte Konfiguration von Kreidestrichen auf der Tafel – z. B. „BUCH" – als Zeichen (genauer: als Zeichenexemplar, „token") betrachtet werden.

Die Bedingungen sind im einzelnen folgende:

1. ein Zeichenexemplar muß sinnlich wahrnehmbar sein; dazuhin müssen bei wiederholter Reproduktion normalerweise gewisse Invarianzen eingehalten werden.

2. Ein Zeichen bzw. Zeichenexemplar muß auf etwas hinweisen oder etwas repräsentieren, eine bestimmte Funktion erfüllen; d. h. ein Zeichen bzw. eine Zeichengestalt ist nicht nur eine Erscheinung per se, die wir nur wahrnehmen wie einen beliebigen Gegenstand; es weist vielmehr über sich hinaus, es hat eine „Bedeutung" (dieser Begriff soll anschließend im Abschnitt 4.2 erläutert werden).

3. Ein Zeichen muß stets Zeichen sein für jemanden – für einen Zeichengeber und einen Zeichenempfänger – d. h. im Falle natürlicher Sprachen bedürfen Zeichen (Wörter, Morpheme) eines Menschen (bzw. einer Gruppe von Menschen), die sie als Zeichen gebrauchen und verstehen.

4. Ein Zeichen – dies gilt insbesondere von Zeichen als Elementen von natürlichen Sprachen – muß in einem Zeichensystem verankert sein.

Die erste Bedingung besagt, daß ein Zeichenexemplar (z. B. die Realisierung eines Morphems verstanden als minimales sprachliches Zeichen) sich in einem materiellen Medium in einer bestimmten Gestalt manifestieren muß, die es im Normalfall von Exemplaren anderer Zeichen unterscheidet.

Wie schon Francis Bacon 1623 in seinem Werk *De dignitate et augmentis scientiarum* (6. Buch) gefordert hat, ist es prinzipiell gleichgültig, in welchem materiellen Medium sich Zeichen als Exemplare realisieren (akustisch, optisch, taktil, olfaktorisch). Als notwendige Randbedingung stellt er jedoch auf, daß das betreffende Medium es erlauben muß, die verschiedenen Zeichengestalten in ausreichender Weise zu differenzieren, damit die verschiedensten Begriffe (Bedeutungen) repräsentiert werden können. Im Falle eines menschlichen Zeichenbenutzers würde dies z. B. heißen, daß verschiedene Gerüche nicht als die optimale Materie für die Realisierung von Zeichen gelten könnten.

In vielen natürlichen Sprachen ist jedoch auch das Prinzip der materiellen Unterscheidbarkeit verschiedener Zeichen bzw. ihrer Realisierungen in einzelnen Fällen verletzt. Es gibt nämlich Zeichenformen, denen jeweils sehr verschiedene Bedeutungen zugeordnet werden können, z. B. engl. / rait / : ´right, write; in diesem Fall spricht man von der Homophonie von Zeichen. Im Fall von *read* (inf./präs.) *read* (prät./part. perf.), die sich lautlich unterscheiden, spricht man von der Homographie von Zeichen. Außerdem gibt es Fälle von Zeichenrealisierungen, die sowohl durch Homophonie *und* Homographie gekennzeichnet sind, z. B. engl. $pole_1$ $pole_2$ („Stange" – „Pol"); dun_1, dun_2 („graubraunes Pferd" – „Schuldeneintreiber").

In der faktischen Kommunikation bereiten solche pathologischen Fälle der Zeichenrealisierung normalerweise keine Verständigungsschwierigkeiten, da der Kontext, in dem solche Zeichenformen auftreten zur Monosemierung (Vereindeutigung) normalerweise völlig ausreicht. Genauer gesagt, tragen insbesondere sog. „Selektionsrestriktionen", die zwischen Wörtern in einem Satz wirksam sind, zur Eindeutigkeit der fraglichen Zeichenformen wesentlich bei. Im Falle von *dun* würde ein Verb wie *neigh* („wiehern") die Wahl des Merkmals [– human] erfordern.

Die zweite genannte Bedingung, die für einen Gegenstand erfüllt sein muß, damit er als materielle Manifestation eines Zeichens gelten kann, ist, daß dieses materielle Objekt etwas repräsentiert, das als „Bedeutung" eines Zeichens aufgefaßt werden kann. Anders ausgedrückt: ein Zeichenträger, z. B. eine beliebige Wortform einer Sprache (walisisch *trnodd* = „durch") kann, ausgesprochen, zunächst als physikalisch beschreibbares Signal aufgefaßt werden. Für denjenigen, der die betreffende Sprache nicht versteht, ist diese Lautfolge tatsächlich nur ein Signal oder ein akustischer Reiz, den er wahrnimmt (vielleicht als unwillkürliche Lautäußerung, einem Niesen vergleichbar). Dagegen ist die betreffende Wortform für denjenigen, der des Walisischen mächtig ist, mehr als nur ein akustischer Reiz; es ist für ihn ein Zeichen, das ihm Information vermittelt, nämlich jene Information, die man gewöhnlich als Bedeutung eines Wortes versteht. Demnach sind nur solche Signale als Zeichen(-exemplare) aufzufassen, die demjenigen, der sie wahrnimmt, eine bestimmte Information über Gegenstände, Sachverhalte u. ä. liefern können.

Als dritte Bedingung für den Zeichenstatus einer materiellen Form wurde oben gefordert, daß eine Zeichenform unter Berücksichtigung der ersten zwei Bedingungen Zeichen sein muß für jemanden – d. h. für einen Zeichengeber und einen Zeichenempfänger. Es bedarf also einer sozialen Gemeinschaft, die Zeichen für ihre kommunikativen Notwendigkeiten und Bedürfnisse gebraucht. Wir sind damit im weiteren Sinne beim sog. ‚pragmatischen' Aspekt des Zeichens oder von Zeichensystemen angelangt. (Vgl. hierzu die Ausführungen in den Kapiteln 3 und 6).

Zur vierten aufgestellten Bedingung, daß ein Zeichen in einem Zeichen*system* verankert sein muß, seien hier einige Bemerkungen

Langue — Parole

zum Verhältnis Sprachsystem (langue) und Redeakt (parole) ein-
geschaltet.

4.1.3. Sprachsystem (*langue*) und aktualisierte Rede (*parole*)

Es ist evident, daß es nicht Aufgabe der Sprachwissenschaft sein
kann, einzelne Zeichen – ihre Formen und Bedeutungen isoliert zu
untersuchen – vielmehr ist von der Tatsache auszugehen, daß Zeichen sich zu Zeichensystemen – und das heißt – Sprachen zusammenschließen, in denen sie für soziale Gemeinschaften als Mittel der
Kommunikation verwendbar sind.

Wir werden nun den Begriff eines Zeichensystems oder einer
Sprache nach den Kriterien untersuchen, die in de Saussures be-
rühmter Dichotomie *langue – parole* impliziert sind (vgl. auch den
anschließenden Abschnitt 4.1.4.).

Die Unterscheidung zwischen den Termini *langue* und *parole*,
für die wir im Deutschen die Ausdrücke *Sprachsystem* und *aktualisierte Rede* verwenden können, ist in de Saussures epoche-
machender Arbeit *Cours de linguistique générale* (1916) von zen-
traler Bedeutung. (Vgl. die dt. Übersetzung von 1931). Es ist nicht
richtig – wie manchmal gesagt wird – daß de Saussure die diesen
Termini entsprechenden Begriffe als erster in die sprachwissenschaftliche Diskussion eingeführt habe; in vielen früheren Werken
sind sie zumindest implizit enthalten. Dies trifft insbesondere für
von der Gabelentz' Buch *Die Sprachwissenschaft* (2. Aufl. 1901, Neue
Aufl. 1967) zu, wo ausdrücklich zwischen den Begriffen „Sprachsystem" und „aktualisierter Rede" unterschieden wird. Gegenüber
dem begrifflichen Instrumentarium der rein historisch orientierten
Sprachwissenschaft war die bewußte Einführung der Begriffe ‚langue‘
und ‚parole‘ ein beträchtlicher Fortschritt. Diese Richtung in der
Sprachwissenschaft versuchte im wesentlichen die Ursachen der historischen Veränderungen in den einzelnen Sprachen aufgrund der
phonetischen Entwicklung, dem Auftreten spontaner Assoziationen
und dem Wirken von Analogiefaktoren festzustellen. Diese Richtung in der Sprachwissenschaft ging nicht in eindeutiger Weise von

dem System einer Sprache aus, sondern weit eher von einzelnen realisierten sprachlichen Akten und Fakten.

Wie wir heute, so betrachtete es auch de Saussure als eine wesentliche Aufgabe der Sprachwissenschaft, das vielgestaltige und heterogene Wesen der Sprache nach bestimmten Gesichtspunkten zu ordnen, d. h. das was an der Sprache – bei jedem Sprechakt – als unendlich scheinende Vielfalt auftritt, nach physikalischen, physiologischen, sozialen und psychologischen Faktoren zu analysieren. Hierbei erweist sich insbesondere die Differenzierung nach dem sozialen und jeweils individuellen Aspekt sprachlicher Äußerungen als fruchtbar. Es kann angenommen werden, daß der sprachlichen Kommunikation eine systematische Menge von sozial gebundenen Konventionen zugrunde liegt, die als Invarianten jedem individuellen Sprechakt unterliegen; dieses Phänomen kann nach de Saussure *langue* bzw. *Sprachsystem* genannt werden. Im Gegensatz dazu, umfaßt der Terminus *parole* = ‚aktualisierte Rede‘ den individuellen Aspekt der jeweiligen Sprachäußerung. Damit sind jene Varianten gemeint, die sich auf verschiedenen sprachlichen Ebenen (lautlich, semantisch und syntaktisch) bei der Realisierung von Schemata eines sprachlichen Systems durch einen bestimmten Sprecher ergeben.

Betrachten wir den Zusammenhang zwischen *Sprachsystem* und *aktualisierter Rede* – also zwischen *langue* und *parole* im Sinne de Saussures – etwas näher.

Eine Sprache kann als soziales Phänomen angesehen werden, dessen systematische Züge oder Regeln von den Mitgliedern einer Sprachgemeinschaft beherrscht werden (hier läßt sich Chomskys Begriff der sprachlichen Kompetenz anschließen); nur dadurch kann die Tatsache erklärt werden, daß in einer Gemeinschaft sprachliche Kommunikation erfolgreich vonstatten geht. Das sprechende Individuum selbst kann das jeweils geltende Sprachsystem nicht erfinden oder verändern, es muß vielmehr die Konventionen und Regeln eines Sprachsystems akzeptieren, um am Kommunikationsprozeß überhaupt teilnehmen zu können (vgl. hier Chomskys Begriff der sprachlichen Performanz). Dies zeigt sich auch daran, daß eine Sprache – d. h. ein Sprachsystem – gelernt werden muß, wie ein Spiel, das durch bestimmte Regeln gekennzeichnet ist. Die Parallele zum Spielbegriff zeigt sich auch an den Konsequenzen; wenn die

‚Spielregeln' nicht korrekt eingehalten werden, wird das Individuum aus der Spiel- bzw. Sprachgemeinschaft ausgeschlossen.

Für die Annahme, daß eine Sprache in ihrer sozialen Determiniertheit ein System von Zeichen ist, dem relativ feste Regeln und Regelmäßigkeiten unterliegen, gibt Roland Barthes, der französische Strukturalist, in seinen 1964 erschienenen *Éléments de Sémiologie* einen sehr überzeugenden Vergleich: ein sprachliches Zeichen oder eine nach bestimmten Regeln zusammengefügte Zeichenverbindung ist wie eine Münze. Wie wir für eine Münze eine bestimmte Menge an Produktionsgütern kaufen können, so können wir mittels eines Zeichens oder einer Zeichenverbindung, z. B. einem Satz – je nach ihrem kommunikativen „Wert" – bestimmte Sachverhalte ausdrükken und so anderen vermitteln. Der Kaufkraft einer Münze entspricht also beim sprachlichen Zeichen sein kommunikativer Wert bezogen auf mitzuteilende Begriffe und Sachverhalte. Der Vergleich läßt sich jedoch noch weiter führen: wie eine Münze innerhalb eines monetären Systems zu anderen Einheiten in einem intrasystematischen Wertverhältnis steht, so haben auch sprachliche Zeichen und Zeichenverbindungen innerhalb eines bestimmten Sprachsystems verschiedene Valenzen, die eine funktionelle – und insofern auch ‚wertmäßige' – Unterscheidung zwischen einzelnen Zeichenarten garantieren. Beispiele für eine solche Differenzierung der Funktionen von Zeichen auf der semantisch-funktionellen Seite sind z. B. Zeichen, die für Gegenstandsbegriffe stehen können, solche, die für Zustands- und Handlungsbegriffe stehen können, relationale Zeichen – wie die sog. „Präpositionen" und „Konjunktionen" – die die erstgenannten Zeichenarten zu höheren Zeichenkombinationen hin bis zur Einheit des Satzes verbinden. Auf der morphologischen Seite eines Zeichensystems wären z. B. solche Zeichen zu nennen, die bestimmte Konkordanzverhältnisse ausdrücken (man vergleiche z. B. im Lateinischen die flexionellen Übereinstimmungen bei nominalen syntagmatischen Verbindungen: *mensa alba, homo bonus* etc.).

Der institutionelle oder soziale Aspekt und der systematische Aspekt eines Zeichensystems bzw. einer Sprache stehen ihrerseits in enger Verbindung: weil eine Sprache ein System von verschiedenartigen Zeichen und Verbindungsregeln ist, das von allen Mitgliedern einer Sprachgemeinschaft intuitiv akzeptiert und verwendet wird, kann das einzelne Mitglied dieser Gemeinschaft es in seinen systematischen Zusammenhängen nicht beeinflussen, sondern muß das System als Ganzes für seine kommunikativen Absichten annehmen und verwenden.

Im Gegensatz zum Sprachsystem, das System und soziale Institution ist, ist die *aktualisierte Rede* essentiell ein individueller Akt der Auswahl und Aktualisierung von Möglichkeiten des Sprachsystems. Diese Auswahl aus den unendlich scheinenden Möglichkeiten des Sprachsystems (verschiedenartige Verbindungen der einzelnen Zeichenarten etc.) hängt von der jeweiligen kommunikativen Absicht des einzelnen Sprechers ab, d. h. davon, was er an Begriffen und Sachverhalten ausdrücken will.

Die folgenden Bemerkungen sollen zeigen, inwieweit ein gegenseitiger Zusammenhang zwischen den Begriffen „langue" und „parole" besteht.

Im Falle einer tatsächlich gegebenen Sprache ist der Begriff des Sprachsystems nicht unabhängig von dem Begriff der aktualisierten Rede bzw. den einzelnen Redeakten zu etablieren; umgekehrt gilt dasselbe: die einzelnen konkreten Redeakte sind nur möglich, weil dahinter ein sprachliches System steht, das die invarianten Funktionen der einzelnen Redeakte bestimmt.

Demnach bedingen sich die beiden Aspekte einer Sprache – System und jeweils konkrete Realisierung einzelner Redeakte – gegenseitig.

Für die sprachwissenschaftliche Forschung bedeutet dieses gegenseitige Abhängigkeitsverhältnis der Begriffe ‚langue' und ‚parole', daß wir uns den Regularitäten eines sprachlichen Systems nur auf der Basis vieler konkreter sprachlicher Einzelakte nähern können. Wir müssen also einen mehrstufigen Abstraktionsprozeß durchführen, der uns von den äußerst vielgestaltigen Erscheinungen der konkreten Rede hinführt zu den invarianten, funktionell relevanten Zügen des jeweiligen sprachlichen Systems. Das Ziel der Sprachwissenschaft kann es also nicht sein, möglichst viele Erscheinungen einzelner konkreter Redeakte zu beschreiben, das haben unter anderem die Philologen früherer Generationen bei ihren Untersuchungen von individualstilistischen Merkmalen der Texte einzelner Autoren getan; vielmehr muß es das Ziel der Sprachwissenschaft als Wissenschaft von *der* Sprache sein, die systematischen und funktionell relevanten Eigenschaften und Regularitäten einer oder mehrerer Sprachen möglichst kohärent zu erfassen. Wie eine solche Beschreibung faktisch aussehen kann, zeigen z. B. viele der Untersuchungen, wie sie in der Entwicklung der generativ-transformationellen Grammatik für verschiedene Sprachen vorgenommen wurden.

4.2. Bedeutung und Bezeichnung

Wir werden nun versuchen, den Begriff „Bedeutung" im Zusammenhang mit dem Begriff „Bezeichnung" – beide Termini werden umgangssprachlich oft promiscue gebraucht – zu erklären. Und zwar werden wir diese Begriffe am einzelnen Zeichen erklären, so wie wir es z. B. im Lexikon einer Sprache finden. Auf die Zusammenhänge zwischen Zeichen im Satz werden wir bei der Erörterung der Begriffe ‚Syntax' und ‚Semantik' eingehen.

Es ist manchmal davon die Rede, daß ein einzelnes Zeichen – oder ein einzelnes Wort einer Sprache isoliert – d. h. ohne Kontext – keine Bedeutung habe. Würde diese Auffassung zutreffen, hätte das folgende Konsequenzen: wir könnten Wörter als sprachliche Zeichen nicht dazu verwenden, bestimmte Gegenstände in einem Sachverhalt zu bezeichnen, d. h. wir könnten mit Wörtern keine bestimmten Gegenstände oder Klassen von Gegenständen identifizieren, sondern müßten hoffen, daß der Satzzusammenhang die Wörter bzw. ihre Inhalte in irgendeiner Weise so spezifiziert, daß sie bestimmte Gegenstände identifizieren. Die sprachliche Erfahrung zeigt dagegen, daß uns tatsächlich in einer gegebenen Sprache ein Wortschatz zur Verfügung steht, mit dem wir beliebige Gegenstände, Eigenschaften und Relationen repräsentieren können. Demnach hat also ein sprachliches Zeichen unabhängig von seiner jeweiligen Verwendung in Sätzen einen festen Bedeutungskern, der ihm fest zugehört, zugehören muß, um seine jeweilige Identität als sprachliches Zeichen als Einheit von materieller Form *und* bestimmter Bedeutung zu garantieren.

Andererseits werden wir sehen, wie die Verwendung von Wörtern in Sätzen dazu führt, bestimmte Objekte einer gegebenen Situation als Individuen zu bezeichnen; dieser Vorgang betrifft aber die immer gleiche *Bedeutung* eines Wortes nicht.

Damit sind wir schon zu einem Ansatz gelangt, mit dem wir die Begriffe ‚Bedeutung' und ‚Bezeichnung' differenzieren können.

Wir wollen als Bedeutung eines sprachlichen Zeichens nicht einen jeweils konkreten Gegenstand wie ‚dieser Tisch' verstehen, sondern eine Menge begrifflicher Merkmale, die in ihrer jeweiligen besonderen Strukturierung die Bedeutung eines Zeichens ausmachen. Man kann nun sagen, daß ein Begriff oder ein Begriffskomplex dann als Bedeutung eines sprachlichen Zeichens aufzufassen ist, wenn dieser Begriff in der Norm des Sprachgebrauchs einer bestimmten Sprachgemeinschaft in eindeutiger Weise mit einer bestimmten materiellen Zeichenform — als Typus verstanden — verknüpft ist.

Begriffe als Instrumente des Denkens sind also nur insofern mit Bedeutungen von Zeichen identisch, als sie sich innerhalb einer gegebenen Sprache in konsistenter Weise mit bestimmten materiellen Zeichenformen zu *einem* Zeichen verbinden. Bedeutungen sind also in einer bestimmten Sprache immer fest mit bestimmten materiellen Zeichenformen — Typen von Lautgestalten oder graphischen Konfigurationen — verbunden, dadurch erst wird die zeichenhafte Einheit eines Wortes gebildet. Begriffe als solche — sofern man überhaupt gewillt ist, dieses Konstrukt anzunehmen — sind dagegen nicht an bestimmte Zeichengestalten gebunden. So können wir z. B. den Begriff ‚Revolution' als Konfiguration einer bestimmten Menge von Merkmalen auffassen, diese Merkmalmenge ihrerseits kann als die Bedeutung verschiedener Zeichenformen auftreten.

Diese Überlegung scheint noch einer näheren Erläuterung zu bedürfen: Wenn wir von einem Begriff als solchen sprechen – z. B. von dem Begriff ‚Revolution' – so ist damit eben gemeint, daß diesem Phänomen nicht notwendigerweise *eine* bestimmte Zeichenform zugeordnet ist, sondern dieser Begriff kann durch mehrere verschiedene Zeichenformen und Kombinationen von Zeichenformen – unter Umständen auch in verschiedenen Sprachen – sprachlich-materiell repräsentiert werden: z. B.

Revolution (nun nicht als Begriff verstanden, sondern als materielle Zeichenform), *Umwälzung* (soziale, geistige etc.), *gewaltsame Veränderung, revolución* (span.), etc.

Nur insofern Begriffe sich mit bestimmten Zeichenformen fest und dauerhaft verbinden, kann davon gesprochen werden, daß ein bestimmter Begriff die Bedeutung eines bestimmten Zeichens sei.

In einer ersten Annäherung kann gesagt werden: die Bedeutung eines sprachlichen Zeichens ist ein Komplex begrifflicher Merkmale, der mit einer bestimmten Zeichenform in einer festen, sozial gesicherten Verbindung steht. Dagegen ist ein Begriff als solcher an keine bestimmte Zeichenform gebunden, sondern repräsentiert, bildet ab bestimmte, so oder so beurteilte Erscheinungen der objektiv oder subjektiv realen Welt. Vgl. dazu z. B. Thomas von Aquin: „Voces non significant species intelligibiles, sed ea quae intellectus sibi format ad iudicandum de rebus exterioribus." (Zit. nach A. Nehring, „Plato and the Theory of Language" in: *Traditio* 3 (1945) 38).

Wir kommen nun zum Zusammenhang zwischen ‚Bedeutung' und ‚Bezeichnung'. In der Logik ist es seit langer Zeit üblich, Begriffe nach zwei Aspekten zu betrachten: nach ihrem *Inhalt* und nach ihrem *Umfang*.

Synonyme für die Begriffe „Inhalt" und „Umfang" von Begriffen sind – vor allem im logischen Sprachgebrauch – die Bezeichnungen *Intension* und *Extension* (ersteres ist nicht mit *Intention* = ‚Absicht' zu verwechseln!).

Als Definition für *Intension* und *Extension* von Begriffen wird normalerweise angegeben:

„Die Intension eines Begriffes ist der Begriffsinhalt, die Extension aber die Klasse der Dinge, die unter diesen Begriff fällt" [müßte eher heißen: „fallen"]. *(Wörterbuch der Kybernetik, s. v. Intension).*

Diese Erklärung kann folgendermaßen veranschaulicht werden: der Begriff „Student" kann durch eine Anzahl von Merkmalen wie „an einer Hochschule immatrikuliert, in einem wissenschaftlichen Lernprozeß stehend, etc." expliziert werden. Diese Merkmale müssen so beschaffen sein, daß sie genau die essentiellen Bedingungen – die unbedingt zur Etablierung dieses Begriffs ‚Student' gehören – erfüllen. Sie sind von unwesentlichen Merkmalen, die akzidentiell zur Charakterisierung einzelner Studenten hinzukommen können (männlich, weiblich, Alter, Kleidung, etc.) scharf zu trennen.

Die Extension des Begriffs „Student" dagegen, kann einfach als die Klasse oder die Menge aller Studenten aufgefaßt werden. Dabei wird die Abhängigkeit des Begriffs ‚Extension' von dem Begriff ‚Intension' deutlich: wir können nur dann von der Klasse der Studenten sprechen, wenn wir wissen, welche essentiellen Merkmale, also welcher Begriffsgehalt zur Charakterisierung eines Studenten gegeben ist. Jedoch soll über die spezielle Problematik von Intension und Extension in logischer Sicht hier nicht weiter gehandelt werden (cf. hierzu etwa R. Carnap, *Introduction to symbolic logic* 1958).

Die Relevanz der Unterscheidung der Aspekte eines Begriffes nach Intension und Extension für die Erklärung der Begriffe ‚Bedeutung' und ‚Bezeichnung' soll in dem folgenden deutlich werden.

Wir haben vorher festgestellt, daß die Bedeutung eines sprachlichen Zeichens als ein Komplex begrifflicher Merkmale aufgefaßt werden kann, der mit einer bestimmten materiellen Zeichenform in einer festen, sozial gesicherten Verbindung steht. Für den Zusammenhang von „Bedeutung" und „Bezeichnung" heißt dies, daß die Bedeutung eines Zeichens als der intensionale Aspekt *des* Begriffes aufzufassen ist, der mit der betreffenden Zeichenform verbunden ist. Die Bezeichnung – oder wie sie auch genannt wird – das ‚denotatum' eines Zeichens fällt hingegen mit dem extensionalen Aspekt eines Begriffes zusammen.

Diese Überlegungen können an dem folgenden Beispiel veranschaulicht werden:

Sprechen wir von der Bedeutung der Zeichenform *Stadt* oder *town*, so verstehen wir darunter immer den intensionalen Aspekt *des* Begriffskomplexes, der mit dieser Zeichenform fest verbunden ist, d. h. es handelt sich um die begrifflichen Merkmale, die die Bedeutung dieser Zeichenformen ausmachen; sprechen wir dagegen von möglichen Bezeichnungen – den denotata – der Zeichenform *Stadt* oder *town*, so kann damit eine bestimmte Stadt gemeint sein, oder viele Städte, oder alle Städte.

Wir sehen auch hierbei, daß für ein sprachliches Zeichen die Bedeutungsfunktion gegenüber der Bezeichnungsfunktion primär ist, denn um in einem bestimmten Satzzusammenhang mit Artikeln oder Quantifikatoren eine oder mehrere Städte identifizieren oder bezeichnen zu können, müssen erst die der Zeichenform *Stadt* oder *town* eigenen begrifflichen Merkmale gegeben sein. Man kann nun sagen, daß – entsprechend der Extension eines Begriffs – eine sprachliche Zeichenform innerhalb eines gegebenen Satzzusammenhangs einen oder mehrere Gegenstände bezeichnet, denen jeweils die in der Bedeutung des Zeichens vorhandenen begrifflichen Merkmale zukommen.

Wir können nun auch besser verstehen, was früher gesagt wurde: daß ein sprachliches Zeichen eine unabhängig von seiner Verwendung in beliebigen Satzzusammenhängen feste Bedeutung hat, daß sich jedoch seine Bezeichnungsfunktion – je nachdem in welchen Zusammenhängen es auftritt, sich jeweils auf verschiedene Gegenstände oder Gegenstandsmengen beziehen kann.

Beispiele: In *dieser Stadt* sollten mehr und billigere Studentenzimmer verfügbar sein.
Many towns have housing problems.
. . .
. . .

In diesen Beispielen haben die Wörter *Stadt* bzw. *town* jeweils dieselbe Bedeutung; sie bezeichnen aber – je nachdem mit welchen Quantifikatoren sie verbunden sind – eine bestimmte Stadt oder mehrere unbestimmte Städte.

Die traditionelle Semantik – die sich z. B. auf das Werk von Ogden und Richards *(The Meaning of Meaning,* 1923*)* bezieht – faßt den eben geschilderten Sachverhalt graphisch in dem sog. semiotischen Dreieck zusammen:

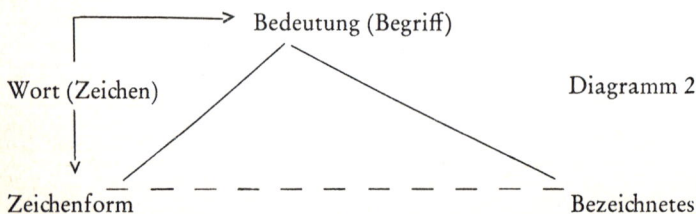

Bedeutung (Begriff)

Wort (Zeichen)   Diagramm 2

Zeichenform   Bezeichnetes

Im einzelnen besagt das Diagramm folgendes (vgl. Lyons 1968, 404, 424 ff.): aus der Verbindung von Zeichenform und Bedeutung ergibt sich der Begriff des Wortes bzw. des Zeichens; eine Zeichenform kann nur durch Zwischenschalten ihrer Bedeutung etwas bezeichnen. Eine direkte Beziehung (innerhalb des hier diskutierten theoretischen Rahmens) zwischen Zeichenform und Bezeichnetem gibt es nicht (dieser Sachverhalt soll durch die gestrichelte Basislinie angedeutet werden).

Diese Auffassung wurde im übrigen schon in der scholastischen Sprachlogik vertreten: Voces significant res mediantibus conceptibus.

Wir haben bisher von der sozusagen ‚klassischen' Theorie der sprachlichen Bedeutungen gesprochen. Nun soll noch versucht werden, aufzuhellen, was es mit der sog. ‚Gebrauchstheorie' der sprachlichen Bedeutungen auf sich hat (vgl. den semiotischen Ansatz im Kapitel 4.1.).

Diese Theorie hat in der neueren sprachphilosophischen Diskussion – aber auch in einzelnen linguistischen Arbeiten – einigen Widerhall gefunden (für die Linguistik wären zu nennen: E. Leisi, *Der Wortinhalt. Seine Struktur im Deutschen und Englischen*, 1952; L. Antal, *Questions of Meaning*, 1963; Brekle 1963).

Vielleicht am bekanntesten ist diese Theorie, die die Bedeutung eines sprachlichen Zeichens mit seinem Gebrauch identifiziert, geworden durch das Wittgenstein-Zitat:

„Don't look for the meaning of a word, look for its use".

Im § 43 seiner *Philosophischen Untersuchungen* findet sich eine abgewogenere Formulierung für dieselbe Ansicht: „Man kann für eine große Klasse von Fällen der Benützung des Wortes *Bedeutung* – wenn auch nicht für alle Fälle seiner Benützung – dieses Wort so erklären: Die Bedeutung eines Wortes ist sein Gebrauch in der Sprache."

Wir werden im folgenden versuchen, die Gültigkeit oder den Grad der Annehmbarkeit dieser Aussage anhand einiger Äußerungen aus der zeitgenössischen Literatur zu überprüfen.

In meiner Dissertation *Semantische Analyse von Wertadjektiven als Determinanten persönlicher Substantive in William Caxtons Prologen und Epilogen,* 1963 habe ich versucht, diese Gebrauchstheorie der Bedeutung an einem gegebenen Textkorpus zu erproben. Dabei habe ich mich zum Teil auf die Vorarbeiten von Leisi in seinem Werk *Der Wortinhalt* gestützt.

Die Lösung der analytischen Aufgabe, die Inhalte oder Bedeutungen einer gegebenen Menge von Zeichen zu bestimmen, habe ich damals so skizziert:

S. 23: „... immer wenn in einer bestimmten historischen und sozialen Situation bestimmte Sachverhalte bestehen, kann ein Individuum sie mit einem bestimmten Zeichen, bzw. Zeichenkombinationen belegen. Es – das Individuum – muß sich dabei im Einvernehmen mit dem Sprachgebrauch der Mitglieder seiner Sprachgemeinschaft befinden. Ohne dieses Einvernehmen ist letzten Endes eine Kommunikation unmöglich. Der Inhalt des Zeichens im System der Sprache, also der minimale gemeinsame Besitz von Gebrauchsbedingungen, die den Gebrauch eines Zeichens innerhalb einer Gemeinschaft regeln, ergibt sich aus der summativen Analyse der Einzelrealisationen (von Zeichen in ihren jeweiligen Gebrauchssituationen)."

Bei der Ermittlung der Gebrauchsbedingungen von Zeichen muß jedoch noch eine wichtige Unterscheidung getroffen werden:

S. 24: „Bei der Inhaltsbestimmung von sprachlichen Zeichen muß prinzipiell zwischen den aktuell aus der Sprechakt-Situation bestimmbaren Gebrauchsbedingungen, ... die den Gebrauch des Zeichens in einer bestimmten Situation zulassen, und dem Gebrauchsbedingungs*typus,* der die semantische Valenz eines Zeichens im sprachlichen System bestimmt, unterschieden werden. Der Gebrauchsbedingungstypus – als die systematische Bedeutung eines sprachlichen Zeichens – ergibt sich aus der summativen Analyse der allen Sprechakt-Situationen gemeinsamen distinktiven Merkmale der Gebrauchsbedingungen."

Wir können uns nun fragen, was die eben genannten Ansätze zu einer Gebrauchstheorie der Bedeutung von der sog. ‚klassischen' Lösung des Bedeutungsproblems – wie sie im vorhergehenden Abschnitt vorgetragen wurde – eigentlich unterscheidet.

Zunächst sicherlich positiv durch die größere Realitätsnähe, die der Gebrauchstheorie zweifellos eigen ist: es wird bei dieser Theorie für ein Zeichen in einer bestimmten Verwendung – oder für alle seine möglichen Verwendungsweisen – gesagt, unter welchen Bedingungen es ‚richtig‘, d. h. von den gesellschaftlich verbindlichen semantischen Normen her gesehen, korrekt verwendet werden kann. Gegenüber der rein begrifflichen Definition der Zeichenbedeutung, die sich sehr abstrakt gebärdet, scheint dies ein gewisser Vorteil zu sein.

In seiner insgesamt umstrittenen Arbeit *Content, Meaning and Understanding* (1964) hat László Antal das Verhältnis der beiden Erklärungsversuche des Bedeutungsproblems – Identifikation der sprachlichen Bedeutung mit einer Anzahl begrifflicher Merkmale und ‚Bedeutung‘ als Gebrauchsbedingungen einer Zeichenform – etwas näher beleuchtet.

Im 4. Kapitel seiner Arbeit ‚The Hypothetical nature of meaning‘ führt er hierzu folgendes aus:
(ich gebe eine paraphrasierende Übersetzung)

Wir wissen eigentlich überhaupt nicht genau, was ‚Bedeutung‘ ist und der Begriff ‚Bedeutung‘ ist so geartet, daß wir dies vielleicht nie mit absoluter Sicherheit wissen werden. Der Grund für diese agnostische Einstellung liegt letztlich darin, daß die Annahme von sprachlichen Bedeutungen im Prinzip genau so eine Hypothese ist, wie die Annahme von Atomen oder anderen physikalischen Begriffen.

Wenn immer in einer menschlichen Gemeinschaft gesprochen wird, sind wir zunächst nur mit zwei Faktoren konfrontiert: der eine ist die Zeichenform, sozusagen die physikalische Seite der Sprache, der andere ist die außersprachliche Situation auf die sich das Zeichen oder Zeichenkombination bezieht, die es bezeichnet. ... Diese beiden Phänomene stehen uns also bei der Beschreibung sprachlicher Äußerungen zur Verfügung: die Zeichenform und das jeweils Bezeichnete. Warum sollen wir nun einen dritten Faktor einführen, die Bedeutung? Wir werden zur Annahme dieses Faktors geführt, weil wir sonst nicht erklären könnten, daß zwischen einer bestimmten Zeichenform und einer großen Anzahl von bezeichneten Gegenständen und Situationen dauerhafte und konsistente Beziehungen bestehen. D. h., wir können die Zeichenform *book* für eine große Anzahl von Gegenständen als Bezeichnendes verwenden, dies jedoch nur unter der Bedingung, daß diese Gegenstände bestimmte Ähnlichkeiten aufweisen. Könnten wir für dieses Phänomen eine andere – bessere – Lösung finden, so könnten wir die Einführung des Begriffs ‚Bedeutung‘ guten Gewissens unterlassen. Dies ist jedoch heute nicht der Fall.

Die Annahme von Bedeutungen von Zeichen ist deshalb eine Hypothese, durch die wir gewisse Erscheinungen – wie die Ähnlichkeiten zwischen der Menge der durch ein Zeichen bezeichneten Gegenstände – mehr oder weniger gut erklären können.

Die Annahme von Bedeutungen als notwendige Eigenschaften sprachlicher Zeichen erklärt also in einem gewissen Maße die beobachtbaren Regelmäßigkeiten beim Gebrauch von Zeichen.

Antal bringt nun einen m. E. sehr gewichtigen Einwand gegen die absolute Identifikation von Gebrauchsweisen von sprachlichen Zeichen und ihrer Bedeutung. Er schreibt dazu wörtlich:

37: „At one time, I thoroughly endorsed Morris's definition – meaning = sign usage – and saw fit to use it as my basis for attacking the tenets of traditional linguistics. On closer analysis, however, I now realize that Morris's definition requires certain small modifications. Morris ... holds the view that meaning is the regularity with which a sign is used. I am now of the opinion that this regularity is a phenomenon which calls for explanation ...

It is indisputable that meaning manifests itself in this regularity and we can only hope to know as much about meaning as is revealed in this regularity. In spite of this, it would be better to regard the regularity in the use of a word as the result and the meaning as the cause than to identify the regularity with the meaning."

Als Ergänzung und als Beleuchtung der Problematik der Begriffe ‚Bedeutung‘ und ‚Bezeichnung‘ aus logischer Sicht sollen noch einige

Bemerkungen aus einem Aufsatz von Gottlob Frege angefügt werden. Frege wird heute als einer der bedeutendsten Logiker um die Jahrhundertwende angesehen. Bertrand Russell stand mit ihm in Verbindung, Wittgenstein zählte zu den wenigen Hörern seiner Vorlesungen. Freges vielleicht wichtigste Arbeit ist: *Begriffsschrift, eine der arithmetischen nachgebildete Formelsprache des reinen Denkens,* Halle 1879.

Der Aufsatz Freges, in dem über die Beziehungen zwischen ‚Bedeutung' und ‚Bezeichnung' gehandelt wird, erschien 1892 in der Zeitschrift für Philosophie und philosophische Kritik, NF 100, 25-50 unter dem Titel „Sinn und Bedeutung". Heute ist dieser Aufsatz – zusammen mit anderen Schriften – bequem zugänglich in dem paperback *Funktion, Begriff, Bedeutung,* das von Günther Patzig 1962 bei Vandenhoeck herausgegeben wurde.

Noch vor der Erörterung einzelner Bemerkungen aus diesem Aufsatz muß darauf hingewiesen werden, daß der Fregesche Terminus ‚*Bedeutung*' nicht mit dem übereinstimmt, was vorher über ‚*Bedeutung*' gesagt wurde. Vielmehr kann man als ungefähre Gleichung aufstellen:

Sinn : Bedeutung = Bedeutung : Bezeichnung
(nach Frege)   (heute übliche Terminologie)

d. h. also, daß Frege das Wort *Bedeutung* in seinem mehr etymologischen Sinn versteht und gebraucht als ‚hindeuten auf einen Gegenstand'; es entspricht also dem heutigen Gebrauch von *Bezeichnung*. Freges *Sinn* dagegen entspricht dem heutigen Gebrauch von *Bedeutung*.

Frege spricht davon, daß „die regelmäßige Verknüpfung zwischen dem Zeichen, dessen Sinn und dessen Bedeutung" derart sei, „daß dem Zeichen ein bestimmter Sinn und diesem wieder eine bestimmte Bedeutung entspricht, während zu einer Bedeutung (einem Gegenstande) nicht nur *ein* Zeichen gehört. Derselbe Sinn hat in verschiedenen Sprachen, ja auch in derselben verschiedene Ausdrücke." (S. 40)

Der Inhalt dieser Bemerkung stimmt mit unseren vorher getroffenen Feststellungen überein: damit etwas als ‚Sinn' einer Zeichenform betrachtet werden kann, muß eine regelmäßige Verknüpfung zwischen diesem ‚Sinn' (= Begriff) und der Zeichenform bestehen. Weiterhin ist darin gesagt, daß ein Gegenstand oder eine Menge bezeichneter Gegenstände (= Bezeichnung = Extension eines Begriffs) nicht nur als Bezeichnung (bei Frege = ‚Bedeutung') *einem* Zeichen, sondern u. U. mehreren Zeichen bzw. Zeichenformen zukommen kann. Wir können insofern für solche quasi außersprachliche Entitäten wie ‚Begriff' und ‚Gegenstand' dieselbe Aussage machen: sowohl ein Begriff wie ein Gegenstand oder eine Gegenstandsmenge kann durch mehrere – auch mehreren Sprachen angehörige Zeichenformen repräsentiert werden. Wir haben ja vereinbart, daß wir nur dann von einem Begriff als Bedeutung – oder als Sinn (nach Frege) einer Zeichenform sprechen wollen, wenn ein Begriff fest oder regelmäßig mit einer Zeichenform verbunden ist. Dasselbe gilt nun auch auf der Ebene der Gegenstände oder Dinge; diese werden dann durch eine Zeichenform – oder Kombinationen von Zeichenformen bezeichnet, wenn der Gegenstand oder die Gegenstände in die Extension eines Begriffs, der gleich der Bedeutung eines Zeichens ist, fallen.

In der folgenden Stelle spricht Frege davon, daß, wenn wir in einer Sprache eine Zeichenform oder eine Kombination von Zeichenformen mit der üblichen Bedeutung verwenden, noch nicht sicher ist, ob damit auch ein bestimmter Gegenstand oder eine Gegenstandsmenge gegeben ist. In Freges Terminologie lautet diese Überlegung folgendermaßen:

28: „. . . ob dem Sinne nun auch eine Bedeutung entspreche, ist . . . nicht gesagt. Die Worte „der von der Erde am weitesten entfernte Himmelskörper" haben einen Sinn; ob sie aber auch eine Bedeutung haben, ist sehr zweifelhaft. Der Ausdruck „die am wenigsten konvergente Reihe" hat einen Sinn, aber man beweist, daß er keine Bedeutung hat, da man zu jeder konvergenten Reihe eine weniger konvergente, aber immer noch konvergente finden kann. Dadurch also, daß man einen Sinn auffaßt, hat man noch nicht mit Sicherheit eine Bedeutung."

An einer weiteren Stelle spricht Frege von den Zusammenhängen zwischen „Bedeutung", „Bezeichnung" und „Vorstellung", die mit einer Zeichenform verbunden sein können.

29: „Von der Bedeutung und dem Sinne eines Zeichens ist die mit ihm verknüpfte Vorstellung zu unterscheiden. Wenn die Bedeutung eines Zeichens ein sinnlich wahrnehmbarer Gegenstand ist, so ist meine Vorstellung davon ein aus Erinnerungen von Sinneseindrükken, die ich gehabt habe, und von Tätigkeiten, inneren sowohl wie äußeren, die ich ausgeübt habe, entstandenes inneres Bild. Dieses ist oft mit Gefühlen getränkt; die Deutlichkeit seiner einzelnen Teile ist verschieden und schwankend. Nicht immer ist, auch bei demselben Menschen, dieselbe Vorstellung mit demselben Sinne verbunden. Die Vorstellung ist subjektiv: die Vorstellung des einen ist nicht die Vorstellung des anderen. . . . Die Vorstellung unterscheidet sich dadurch wesentlich von dem Sinne eines Zeichens, welches gemeinsames Eigentum von vielen sein kann . . .

Während es demnach keinem Bedenken unterliegt, von dem Sinne schlechtweg zu sprechen, muß man bei der Vorstellung genau genommen hinzufügen, wem sie angehört und zu welcher Zeit.

. . .

Die Bedeutung eines Eigennamens ist der Gegenstand selbst, den wir damit bezeichnen; die Vorstellung, welche wir dabei haben, ist ganz subjektiv; dazwischen liegt der Sinn, der zwar nicht mehr subjektiv wie die Vorstellung, aber doch auch nicht der Gegenstand selbst ist."

Wir können demnach sagen: Vorstellungen von Gegenständen sind notwendigerweise subjektiv, insofern sie nur jeweils in der Psyche eines Einzelnen existieren können; die Verbindung einer Zeichenform mit einem bestimmten Sinn oder Begriff ist hingegen nicht subjektiv, sondern gesellschaftlich-konventionell gesichert, insofern sich in verschiedenen Sprachen jeweils bestimmte Zeichenformen mit Begriffen als ihrer Bedeutung verbinden. Es hätte dagegen wenig Sinn, von der Objektivität von Gegenständen zu sprechen, mögen sie als solche existieren, sie treten nur als mögliche Extensionen von Begriffen in den Umkreis der Zeichenproblematik ein.

Frege faßt die Zusammenhänge zwischen Zeichen, Sinn und Bedeutung folgendermaßen zusammen:

31: „Ein . . . Wort, Zeichen, Zeichenverbindung, Ausdruck drückt aus seinen Sinn, bedeutet oder bezeichnet seine Bedeutung. Wir drücken mit einem Zeichen dessen Sinn aus und bezeichnen mit ihm dessen Bedeutung."

In diesem Zitat wird die Verwendungsweise der Zeichen ‚Sinn‘ und ‚Bedeutung‘ in Fregescher Terminologie noch einmal ganz klar gemacht.

Aufgrund der Wichtigkeit, die Freges Arbeiten auch heute noch in der Diskussion um Fragen der Logik und Semantik zukommt, ist die Lektüre der oben schon erwähnten Aufsätze „Funktion und Begriff", „Sinn und Bedeutung", „Begriff und Gegenstand" für ein eindringendes Studium der hier nur ansatzweise behandelten Fragen sehr zu empfehlen.

4.3. Form und Substanz von Zeichen

Aus der Geschichte der Philosophie wissen wir, daß der Begriff der „Form" notorisch mit Doppeldeutigkeiten belastet war. Wenn wir von der Form eines Zeichens sprechen, so ist damit normalerweise die wahrnehmbare Gestalt eines Zeichenexemplars gemeint; gleichzeitig spielt aber in nicht immer eindeutig bestimmbarer Weise der Stoff, die Substanz, die so und so gestaltet oder geformt ist, bei solchen Erklärungen eine Rolle.

Es war vor allem der große dänische Sprachtheoretiker Louis Hjelmslev, der in seinem Werk *Prolegomena to a Theory of Language* (dän. 1943, engl. 1963) auf die systematische Interdependenz der Begriffe „Zeichen", „Zeichenausdruck" (expression), „Zeicheninhalt (content) einerseits, und andererseits auf die Relevanz der Kategorien *Form* und *Substanz* für die Bestimmung sowohl der Ausdrucks- als auch der Inhaltsseite von Zeichen hingewiesen hat.

Der Zusammenhang zwischen diesen Begriffen wird von Hjelmslev wie folgt gesehen (vgl. S. 48-49 in dem genannten Werk):

Zwischen der Funktion eines Zeichens und den diese Funktion bestimmenden Größen – nämlich Ausdruck und Inhalt – besteht ein notwendiger Zusammenhang. Ohne die gleichzeitige Anwesenheit von Ausdruck und Inhalt kann es eine Zeichenfunktion nicht geben;

66

desgleichen kann der Ausdruck eines Inhalts oder der Inhalt eines Ausdrucks nicht existieren, ohne daß durch sie eine Zeichenfunktion aufgebaut wird. Ausdruck und Inhalt setzen einander also gegenseitig notwendigerweise voraus. Ein Ausdruck fungiert als Ausdruck nur insofern er Ausdruck eines Inhalts ist; ein Inhalt ist Inhalt nur dadurch, daß er Inhalt eines Ausdrucks ist. Es kann also – von Fällen künstlicher Isolierung einmal abgesehen – keinen Ausdruck ohne Inhalt und keinen Inhalt ohne Ausdruck geben.

Wenn wir denken ohne zu sprechen, so sind unsere Gedanken keine sprachlichen Inhalte und deshalb keine bestimmenden Größen für eine Zeichenfunktion. Wenn wir sprechen ohne zu denken – d. h. wenn wir irgendwelche Lautfolgen äußern, denen von keinem Zuhörer ein Inhalt zugeordnet werden kann – so ist eine solche Äußerung eine Art von Abracadabra, aber nicht ein sprachlicher Ausdruck und deshalb keine bestimmende Größe für eine Zeichenfunktion. (Soweit die Paraphrase des vorgenannten Abschnitts aus Hjelmslevs *Prolegomena*.)

Das Verhältnis von Substanz und Form, einmal auf der Ebene des Inhalts, zum anderen auf der Ebene des Ausdrucks läßt sich diagrammatisch folgendermaßen zeigen:

	Ausdruck	Inhalt
Form	Paradigmatische/syntagmatische Beziehungen zwischen Phonemen/Graphemen (sekundär auch zwischen morphologischen und syntaktischen Einheiten)	Paradigmatische/syntagmatische Beziehungen zwischen Wortinhalten (sekundär auch zwischen höheren Inhaltsstrukturen (z. B. Satz))
Substanz	phonische/graphische Substanz (akustisch bzw. optisch wahrnehmbare Reize)	Substanz der Gedanken (Menge begrifflicher Merkmale)

Während sich an den je nach Sprache verschiedenen Lautsystemen (Phonemsystemen) verhältnismäßig leicht zeigen läßt, daß jede Sprache – nach den ihr eigenen Formprinzipien – die phonische Substanz (z. B. die Menge aller Laute / Geräusche, die vom Menschen hervorgebracht werden können) so oder so „formt"; d. h.

paradigmatisch einer bestimmten Anzahl lautlicher Merkmale den Status eines Phonems zuerkennt, anderen dagegen nicht (vgl. z. B. den apiko-dentalen Reibelaut des Englischen, / Θ /, und den deutschen ü-Laut, / y /; der erstere ist kein Phonem der deutschen Hochlautung, der zweite kein Phonem der englischen „received pronounciation") und *syntagmatisch* bestimmte Phonemverbindungen zuläßt, andere dagegen nicht (dt. / ŋ / nur im Auslaut, in afrikanischen Sprachen dagegen auch im Anlaut von Wörtern); ist es auf der Inhaltsseite viel schwieriger, die Unterscheidung Substanz – Form zu treffen. (Wir gelangen damit in ein sprachphilosophisch und erkenntnistheoretisch sehr umstrittenes Gebiet; vgl. z. B. die Sapir-Whorf-Hypothese, Weisgerbers „Weltansicht der jeweiligen Sprache").

Beginnen wir mit einem verhältnismäßig einfachen Beispiel aus der vergleichenden lexikalischen Semantik. Betrachten wir einen Teil des Paradigmas der einfachen Farbadjektive im Englischen und im Walisischen („einfache" Farbadjektive sind morphologisch nicht zusammengesetzt (wie z. B. *kupferrot*) und sind weiterhin nicht auf Ähnlichkeitsbeziehungen aufgebaut (wie z. B. *aubergine*: „wie die Farbe der Eierfrucht; braunviolett")).

	gwyrdd
green	
blue	glas
gray	
brown	llwyd

(nach Hjelmslev 1963, 53)

Es ist offensichtlich, daß die beiden Sprachen – Englisch bzw. Walisisch – einen Teil des Farbspektrums (= Substanz) verschieden strukturieren oder formen.

Damit lassen sich jedoch Spekulationen der Art, daß der Waliser nicht in der Lage sei, zwischen „braun" und „grau" eindeutig zu unterscheiden, nicht verbinden. Der Perzeptionsapparat eines Eingeborenen von Oxford ist nicht von dem eines Einwohners von Carmarthen verschieden. Im übrigen hat der Sprecher einer beliebigen Sprache sehr wohl die Möglichkeit, jede Wahrnehmung oder Vorstellung (die entsprechende sprachliche Ausdruckskraft vorausgesetzt) beliebig zu präzisieren.

Das Problem spitzt sich jedoch zu, wenn wir in den Bereich der Satzsemantik (syntagmatische Semantik) übergehen. Hier gibt es in den verschiedenen Sprachen oft sehr verschiedene Kategorien, die keineswegs als Universalien aufzufassen sind. Vgl. z. B. arab. 2. Pers. sg. muß jeweils differenziert werden nach [maskulin] / [feminin]. Die Eskimosprache drückt die Kategorien „Agens" bzw. „Patiens" durch bestimmte Suffixe aus; dies gilt für idg. Sprachen nicht (hier können diese Kategorien höchstens sehr indirekt erschlossen werden, z. B. aus doppeldeutigen Genitivkonstruktionen *amor patris* ...).

Diese wenigen Andeutungen (weitere Beispiele in Hjelmslev 1963, 50 ff.) sollten jedoch genügen um zu zeigen, daß die Kategorien Substanz – Form auch auf der Inhaltsebene einer Sprache angewendet werden können.

Im Zusammenhang mit diesen Unterscheidungen flammt in der Linguistik immer wieder der Kampf der Meinungen auf, was eigentlich der Gegenstandsbereich der Linguistik sei. Diejenigen, die mit de Saussure für eine „linguistique interne" kämpfen, wollen linguistische Untersuchungen nur auf der Ebene der „geformten" Einheiten und Kombinationen von solchen durchgeführt wissen (Phonem, Morphem, Satz). Hierbei ist es wichtig, einen Unterschied zu machen (mit B. L. Whorf) zwischen „overt" und „covert" (oder wie Šaumjan es auch ausdrückt, zwischen phänotypischen und kryptotypischen) linguistischen Einheiten und Strukturen. Dies sind unmittelbar bzw. mittelbar – etwa durch transformationelle Beziehungen – feststellbare Kategorien, z. B. in der Verbklassifizierung kann meist nur indirekt vorgegangen werden: die sog. Kopulaverben im Englischen *be, become, seem, stay, remain* können u. a. durch das Fehlen des Passivs als besondere Verbklasse bestimmt werden.

Auf der anderen Seite gibt es Sprachwissenschaftler, die sich mit Erscheinungen beschäftigen, die – streng genommen – unterhalb der

Form-Ebene (vgl. Diagramm) liegen; z. B. Phonetiker, die sich als akustische Physiker verstehen, oder Onomasiologen, die die Benennungsmöglichkeiten von irgendwelchen Gegenständen in einer Sprache untersuchen (beliebtes Thema: der Pflug in den romanischen Sprachen). Diese Forscher kommen sozusagen von „außen" her an sprachliche Strukturen heran.

Die Grenzen zwischen beiden Richtungen lassen sich nicht absolut festlegen; je nachdem welche Formprinzipien aufgestellt werden, können auch die letzgenannten Forschungsrichtungen mit zur Linguistik gezählt werden. (Der Phonetiker, der z. B. die Artikulationsstellen von Lauten oder Lautkontinua untersucht, tut dies nicht mit einer völlig amorphen Lautsubstanz, sondern mit Lautphänomenen, die in einer bestimmten Sprache systematisch vorkommen.)

4.4. Eidetischer und operativer Sinn bzw. Bedeutung von Zeichen (nach Klaus 1969, 4.3. (92 ff.))

Quasi als ein Exkurs zu unseren allgemeinen semantisch-theoretischen Erörterungen soll hier wenigstens kurz auf die Unterscheidung zwischen eidetischem und operativem Sinn von Zeichen bzw. Zeichenkombinationen eingegangen werden. (eidos = Idee, Begriff). Überlegungen dieser Art erscheinen schon deshalb relevant, weil damit gezeigt werden kann, wie es grundsätzlich möglich ist, linguistische – und das heißt auch semantische – Probleme mit Elektronenrechnern (Computern) zu behandeln. Es kann angenommen werden, daß ein Computer – legt man ihm einen beliebigen einzelsprachlichen Satz oder Text vor – diese Zeichenkombination nicht in derselben – bis heute nicht völlig durchschaubaren – Weise semantisch analysieren bzw. „verstehen" kann, wie dies einem kompetenten Sprecher der betreffenden Sprache möglich ist. Es wäre sinnlos, ohne weiteres einem Computer den „Befehl" zu geben: „Erkenne (und beschreibe) die semantische Struktur des Satzes, Textes $x_1 \ldots x_n$!" (wobei $x_1 \ldots x_n$ bedeutungtragende Einheiten (Morpheme) des betr. Satzes oder Textes sein sollen).

Grundsätzlich ist eine solche semantische Analyse per Computer nur möglich, wenn die gesamten semantischen Strukturen einer Sprache (oder eines wohlabgegrenzten Teils einer Sprache) vorher genau analysiert sind bzw. durch entsprechende Regelsysteme synthetisch dargestellt werden können. Dies heißt aber wiederum, daß Wortinhalte, Beziehungen zwischen Wortinhalten in Sätzen und Texten durch Zeichen, die der theoretischen Beschreibungssprache (Metasprache) angehören, abgebildet werden. Mit diesen Zeichen / Zeichenformen wiederum kann der Computer Operationen ausführen, die schließlich wieder zu als abgeleitete semantische Strukturen auffaßbaren neuen Zeichenreihen führen. Kurz, dem Computer ist nur der operative „Sinn", d. h. die über Zeichen auszuführenden Operationen, zugänglich. Mit anderen Worten, ein Computer kann grundsätzlich nur in der syntaktischen Dimension eines Zeichensystems operieren, wobei es, vom EDV-Gesichtspunkt her gesehen, gleichgültig ist, wofür diese Zeichen „stehen"; es können Zeichen sein, die Phonemketten repräsentieren, oder Konfigurationen semantischer Merkmale. Um irgendwelche Probleme mit dem Computer verarbeiten zu können, müssen Sachverhalte des jeweiligen Gegenstandsbereichs in die „Computersprache" übersetzt werden, d. h. nichts anderes, als die Syntax einer bestimmten Metasprache.

Klaus 1969, 92 f. führt hierzu unter einem allgemeineren Gesichtspunkt folgendes aus:

„Der operative Sinn eines Zeichens ergibt sich aus den syntaktischen Beziehungen und Regeln, die in einer Sprache gelten und festlegen, wie Zeichen zu Ausdrücken zusammengesetzt und diese Ausdrücke umgeformt werden können. Der eidetische Sinn (von „eidos" = Begriff, Idee usw.) ergibt sich aus den Bedeutungs- und Bezeichnungsregeln, die die in einer Sprache geltenden Beziehungen eines Zeichens zu den Begriffen und den durch diese Begriffe abgebildeten Objekten festlegen. Der operative Sinn eines Zeichens wird also in der Syntax einer Sprache bestimmt, der eidetische in der Semantik der Sprache (. . .). Wir sagen also, ein Zeichen habe in einem System von Zeichen einen eidetischen Sinn, wenn wir wissen, was dieses Zeichen bezeichnet, bzw. wenn wir mindestens wissen, daß dieses Zeichen etwas bezeichnet. Das Wort „Planet" beispielsweise hat im System der astronomischen Zeichen einen eidetischen Sinn, da wir wissen, daß es einen materiellen Gegenstand, einen bestimmten Himmelskörper, gibt, den dieses Wort bezeichnet. Anders liegen die Dinge, wenn wir ein solches Objekt nicht kennen und lediglich wissen, wie man mit dem Zeichen operieren muß. (Daher der Begriff „operativer" Sinn!) Es ist keinesfalls so, als träfe diese Kennzeichnung nur auf Zeichen künstlich konstruierter Sprachen, mathematischer bzw. logischer Kalküle, zu. Natürlich sind diese Sprachen vornehmstes Betätigungsfeld von Zeichensystemen mit vorwiegend operativem Sinn. Ein operativer mathematischer Kalkül hat häufig zunächst keinen eidetischen Sinn.

Allerdings muß darauf hingewiesen werden, daß auch abstrakte Kalküle nicht etwa nur einen rein operativen und keinerlei eidetischen Sinn haben. Wenn, wie der Mathematiker sagt, kein Modell für einen solchen Kalkül aufgewiesen werden kann, so ist er doch nicht lediglich ein bloßes Spiel. Auch abstrakte Kalküle haben eine bestimmte Bedeutung. Sie geben Beziehungen zwischen möglichen Klassen von Dingen an. Sie operieren mit abstrakten Konstanten und Variablen. Es müssen unter den Zeichen, die dort auftreten, mindestens irgendwelche Zeichen für die Verkettung von Symbolen vorhanden sein. Die Verkettung ist aber schon eine sinnvolle Operation.

Für die Mathematik ist es aber z. B. völlig trivial, daß die Erweiterungen der mathematischen Bereiche stets so vor sich gehen, daß zunächst der operative Sinn bestimmter Elemente erweitert wird. Diese Erweiterung geschieht immer, um eine generelle Gültigkeit von Gesetzen, die zunächst nur für Spezialfälle gewährleistet ist, zu erreichen. Um ein einfaches Beispiel zu nennen:

Durch Einführung der imaginären Zahlen wird erreicht, daß die Operation des Wurzelziehens unbeschränkt ausführbar ist. Die Methode der Einführung solcher „idealer Elemente", die zunächst keinen eidetischen Sinn besitzen, betont den schöpferischen Charakter der geistigen Abstraktionstätigkeit. Sie betont vor allem den operativen, tätigen Charakter im Gegensatz zum statischen Charakter der Betrachtung von Objekten und der Auswahl aus Vorhandenem, Gegebenem. Hat sich der operative Sinn bestimmter Elemente und Zusammenhänge auf diese Weise erweitert und hat die Praxis dann gezeigt, daß eine solche Erweiterung des operativen

Sinns zulässig ist, so wird sich über kurz oder lang den neuen, zunächst nur mit operativem Sinn behafteten Elementen auch ein eidetischer Sinn zusprechen lassen. Nehmen wir etwa unser Beispiel der imaginären Zahlen. Sie haben längst einen eidetischen Sinn durch ihre Darstellung in der Gaußschen Ebene erfahren, sie sind über Elektrotechnik usw. längst in viele Bereiche der Praxis eingegangen und damit einer eidetischen Interpretation zugänglich geworden."

In vielen wissenschaftlichen Bereichen – insbesondere in der Mathematik und in den Naturwissenschaften – wissen wir sehr wohl, wie wir mit bestimmten Zeichen operieren können, ohne jedoch solchen Zeichen immer einen bestimmten „anschaulichen, vorstellbaren" Sinn zuweisen zu können. Wesentlich ist, daß die Ergebnisse solcher syntaktischer Operationen mit Zeichen (z. B. „output" des Computers) so beschaffen sind, daß der Forscher ihnen einen eidetischen Sinn zuschreiben kann und sie damit für die Lösung praktischer Probleme verwenden kann. Vgl. die Ausführungen bei Klaus 1969, 94:

„Viele moderne Theorien sind aus Zeichen beider Arten zusammengesetzt. Das bedeutet nicht, daß beide etwa gleichberechtigt wären. Das Zeichen mit eidetischem Sinn enthält mehr Möglichkeiten. Kennen wir nämlich den eidetischen Sinn eines Zeichens, so ist damit in einem entsprechenden syntaktischen System zugleich ein operativer Sinn gegeben, während es, wie wir gesehen haben, sehr wohl Zeichen gibt, die zwar einen operativen, aber keinen eidetischen Sinn besitzen. Solche Zeichen mit nur operativem Sinn können aber, wie bereits erwähnt, unter bestimmten Bedingungen über kurz oder lang einen eidetischen Sinn gewinnen. Sehr oft wird es sogar so sein, daß die ständige Betätigung des operativen Sinns eines solchen Zeichens schließlich zur Entdeckung eines eidetischen Sinns führt. Für die Erkenntnis-Praxis-Relation ist in diesem Zusammenhang weiterhin noch wichtig, daß Zeichen, von denen wir nur den operativen Sinn kennen, sich von Zeichen mit eidetischem Sinn grundsätzlich unterscheiden. Die Handhabung von Zeichen mit eidetischem Sinn gibt – und sei es auch nur auf Umwegen – immer auch einen Hinweis auf die Handhabung der Dinge, die sie bezeichnen. Die Handhabung von Zeichen mit nur operativem Sinn bzw.

von Zeichen, bei denen nur dieser Sinn bekannt ist, gibt keinen Hinweis über die Behandlung von Dingen."

In leichter Abwandlung (gegenüber Klaus 1969, 95) kann die Verfügbarmachung inhaltlich (eidetisch) deutbarer Zeichen für den Computer und wiederum die inhaltliche Interpretation des Computer-outputs für den Menschen diagrammatisch so dargestellt werden:

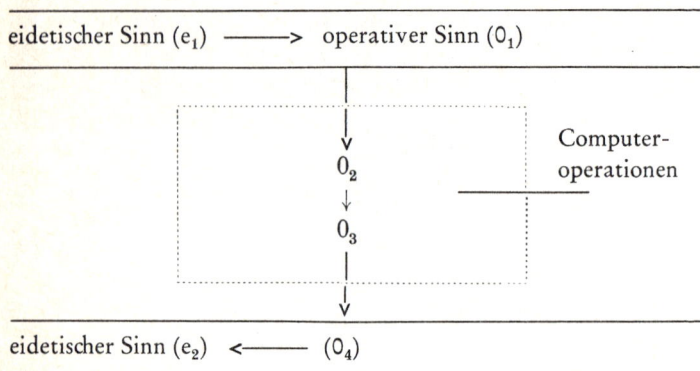

Klaus 1969, 95 kommentiert dieses Diagramm folgendermaßen:
„Die Umsetzung eidetischer Zeichen in die Sprache elektronischer Rechenmaschinen usw. führt dazu, daß nach erfolgter Umsetzung die Maschine gewissermaßen nur mit dem operativen Sinn der umgesetzten Zeichen arbeitet. Das Schlußresultat, das Ergebnis der Bearbeitung dieser Zeichen, muß jedoch wieder ein Zeichen sein, das operativen und eidetischen Sinn besitzt. Dadurch sind elektronische Rechenmaschinen mit dem menschlichen Bewußtsein verbunden."

Wir hatten vorher den eidetischen Sinn von Zeichen bzw. Zeichenkombinationen mit dem Begriff „Anschaulichkeit", „Vorstellung" in Verbindung gebracht. Dies soll nun noch etwas ausführlicher erklärt werden.

Der Begriff des eidetischen Sinns – im Gegensatz zur operativen Bedeutung – ist mit dem Begriff der Anschaulichkeit in gewisser Weise verwandt. „Anschaulichkeit" soll hier nicht als eine Eigenschaft bestimmter Abbilder der so oder so gedachten Wirklichkeit verstanden werden, sondern als das Erkenntnisvermögen, das tatsächlich oder angeblich fähig ist, uns anschauliche Bilder der Wirklichkeit zu vermitteln. Es ist nicht unsere Absicht, die Behandlung dieses Begriffs in der Geschichte der Philosophie darzustellen, vielmehr soll er im Rahmen der hier besonders interessierenden zeichentheoretischen Problematik etwas näher beleuchtet werden.

„Anschauung" kann definiert werden als eine Tätigkeit des menschlichen Bewußtseins. Ergebnis dieser Tätigkeit sind Anschauungen. Beiläufig bemerkt haben wir es hier mit einer interessanten kategorialen Mehrdeutigkeit des Terminus *Anschauung* zu tun: Anschauung als Tätigkeit ist als nomen actionis zu verstehen; Anschauung als Ergebnis dieser Tätigkeit als nomen resultativum, das satzfunktionell als effiziertes Objekt interpretiert werden kann. Anschauungen sind – wie Vorstellungen – mit dem Moment des Subjektiven behaftet. Eine operationale Behandlung von Zeichen und Zeichenkombinationen, in deren Bedeutung Anschauungen eintreten können, kann dieses Moment des Subjektiven weitgehend eliminieren. Voraussetzung dafür ist, daß sichergestellt ist – z. B. durch erfolgkontrollierte Tests – daß solche anschaulichen Inhalte von sprachlichen Zeichen interindividuelle oder soziale Gültigkeit haben.

Klaus 1969, 99 bringt hierzu ein Beispiel aus dem naturwissenschaftlichen Bereich:

„Die Vorstellung bzw. Anschauung von einem Elementarteilchen mit seinen sich dialektisch widersprechenden Eigenschaften, mit Eigenschaften, die sich sogar logisch zu widersprechen scheinen (wobei es durchaus möglich ist, daß die Vorstellungen, die einzelne Menschen von diesen Teilchen haben, tatsächlich logische Widersprüche beinhalten), lassen sich nicht objektivieren. Geht man jedoch von diesen Vorstellungen bzw. Anschauungen zur Schrödinger-Funktion bzw. Schrödinger-Gleichung über (oder zu der ihr äquivalenten Heisenbergschen Matrizengleichung), so werden zwar nach wie vor diesen mathematischen Begriffsbildungen bei den einzelnen Individuen, die sie benutzen, verschiedene voneinander abweichende Vorstellungen zugrunde liegen; das, was in den Gang der Rechnung eingeht, das, was die verschiedenen Individuen mit den Zeichenreihen ihrer mathematischen Theorie effektiv tun, wird aber dasselbe sein.

Beim Operieren mit der Theorie und in der Theorie selbst wirken die mathematischen Begriffsbildungen, die Mathematisierung bzw. Formalisierung der physikalischen Theorie, gewissermaßen als Informationsbilder. Dies wird am deutlichsten, wenn wir Vorstellungen und Anschauungen in mathematischen Bereichen der mathematischen Theorienbildung über diese Bereiche gegenüberstellen. Der Ausgangsbereich, aus dem die Begriffe, Sätze usw. der euklidischen Geometrie gewonnen wurden, ist der Bereich unserer alltäglichen praktischen Raumerfahrung. Die räumlichen Anschauungen und Vorstellungen der einzelnen Menschen hängen, solange diese nicht durch mathematische Theorienbildung beeinflußt werden, vom geschichtlichen Entwicklungsstand, von der Art und Weise der Produktionserfahrung, von der Summe der persönlichen Erlebnisse usw. ab. Sie sind natürlich auch von individuellen gehirnphysiologischen Gegebenheiten abhängig. Gehen wir von diesem Bereich von Anschauungen und Vorstellungen jedoch zum euklidischen Axiomensystem über, so wird die Informationsmenge, die in unseren räumlichen Anschauungen und Vorstellungen verankert ist, gefiltert, verarbeitet. In den Axiomen des euklidischen Axiomensystems werden Anschauungen und Vorstellungen ersetzt durch exakte Begriffsbildung. Der einzelne Mathematiker bzw. Schüler, der sich mit diesen Begriffsbildungen auseinanderzusetzen hat, der mit ihnen operieren muß, mag sich zwar an den Gebilden (Kurven, Geraden, Ebenen, Dreiecken, Kreisen usw.) gewisse Vorstellungen bzw. Anschauungen bilden, die in dieser oder jener Weise von den Vorstellungen und Anschauungen anderer Menschen abweichen. Diese Abweichungen werden aber völlig belanglos sein, solange er sich beim Operieren mit den euklidischen Axiomen streng an die dort niedergelegten Begriffsbestimmungen und Operationsvorschriften hält. Es mögen beispielsweise die Vorstellungen zweier Individuen über ein Dreieck etwas voneinander abweichen. Wenn beide sich aber genau an die Begriffsbestimmungen der euklidischen Geometrie halten, so werden sie z. B. doch finden, daß sich die Seitenhalbierenden in jedem Dreieck in einem Punkte schneiden.

Vorstellungen und Anschauungen sind also nur heuristische Hinführungen zu Begriffen und Aussagen. Deshalb ist es auch nicht richtig, ihnen Wahrheit zuzusprechen. Wir kommen vielmehr immer wieder zu der These zurück, daß Wahrheit oder Falschheit nur Aussagen zukommt."

Schließlich kann die Relevanz operationaler Verfahren in jedem Wissenschaftsbereich durch folgende Überlegungen gezeigt werden (nach Klaus 1969, 101 f., modifiziert):

Das Eindringen mathematischer Methoden in die Gesellschaftswissenschaften, in die Biologie und Medizin, und neuerdings auch in die Sprachwissenschaften, erscheint als eine glänzende Bestätigung der Behauptung David Hilberts, wonach alles, was Gegenstand wissenschaftlichen Denkens überhaupt sein kann, der axiomatischen Methode und damit mittelbar der Mathematik verfällt, sobald es zur Bildung einer Theorie reif ist. Damit aber überträgt sich, was wir für den Bereich des mathematischen Denkens über das Verhältnis des Logisch-Begrifflichen zum Anschaulichen gesagt haben, grundsätzlich auf alle Wissenschaften. Es kann davon ausgegangen werden, daß die Menschen ursprünglich nur mit den Gegenständen selbst operiert haben, daß dies später durch Operieren mit Begriffen ersetzt wurde und der Umgang mit Begriffen schließlich dem Operieren mit Zeichen für diese Begriffe weichen mußte. Wollen wir der Anschauung bzw. der Vorstellung einen Platz in dieser aufsteigenden Hierarchie des Abstrakten zuweisen, so liegt er im Raum zwischen dem Operieren mit den Dingen und dem Operieren mit Begriffen von diesen Dingen. Damit soll nicht gesagt werden, daß dem anschaulichen Denken, daß den Anschauungen und Vorstellungen kein Erkenntniswert zukäme. Dieser Erkenntniswert ist nicht nur in der historischen Stufenfolge der Herausbildung einer Wissenschaft von der einfachen Empirie bis zur deduktiven Theorie gegeben. Auch die voll ausgebildete deduktive Theorie bedarf dann, wenn sie sich modellhafter Vorstellungen bedient, der Anschauung, wenn auch nur als eines heuristischen Hilfsmittels, das danach durch strenge begriffliche Analyse und Deduktion sorgfältig überprüft werden muß.

4.5. Informationstheoretische Analogien zum Zeichenbegriff (vgl. Klaus 1969, 89 ff.)

Die Informationstheorie kann in einem ihrer wesentlichen Aspekte aufgefaßt werden als wahrscheinlichkeitstheoretisch orientierte Syntax von Zeichenformen. In der Informationstheorie wird eine Nachricht definiert als eine Kombination von Signalen, der eine errechenbare Wahrscheinlichkeit zukommt. Ein Signal wird hier zunächst verstanden als Reiz, der wahrgenommen werden kann. Eine beliebige Folge solcher Reize oder Signale kann aber erst dann die Qualität einer Nachricht haben, wenn eine Beziehung der Elemente einer solchen Folge auf ein Inventar von Signalen oder auf einen Kode hergestellt werden kann. Wir sehen hier eine deutliche Analogie zu den früher schon explizierten Begriffen „Sprachsystem" – dem würde hier der Kode entsprechen – und tatsächlich sich vollziehenden Redeakten – dem entspricht hier eine Signalfolge.

Informations- oder nachrichtentechnisch kann ein Kommunikationsakt folgendermaßen formuliert werden: Ein Sender (Sprecher) kodiert eine Nachricht – das was er übermitteln will – indem er entsprechende Signale aus einem Kode auswählt; der Empfänger dekodiert, entschlüsselt die Signalfolge, indem er das Signalinventar und die im Kode ebenfalls enthaltenen Wahrscheinlichkeits-Regeln heranzieht. Auf diese Weise kann er den Informationswert einer Nachricht feststellen. Abweichend von den bisher diskutierten semiotischen und linguistischen theoretischen Ansätzen wird die in einer Nachricht enthaltene Information quantitativ bestimmt. Das Maß für die Information ist die Unwahrscheinlichkeit, mit der genau die *Signalfolge* auftritt, die tatsächlich die Information vermittelt. Eine Information wird also gemessen an dem Erwartungswert, der einer Nachricht zukommt. Je wahrscheinlicher das Auftreten einer bestimmten Signalfolge ist, desto weniger Information vermittelt sie. Man vergleiche hierzu gewisse ritualisierte Begrüßungsformeln der Alltagssprache; die eigentlich nur die sekundäre Information vermitteln, daß derjenige, der sie verwendet, sich den in einer Gesellschaft üblichen Normen angepaßt hat. Entsprechend vermittelt ihr Ausbleiben die umgekehrte Information. Information vermitteln also die Signale und Signalfolgen nicht an sich, sondern nur in bezug auf den Kode. Die quantitative Bestimmung der Information wird erst möglich, wenn den *Elementen des Kodes Werte für die Wahrscheinlichkeit ihres Auftretens zugeordnet werden.* Bei dieser Messung der Information wird vom spezifischen Inhalt der Nachricht, von dem, was in einer Signalfolge kodiert ist, völlig abgesehen. Genauer ausgedrückt, im Unterschied zur Information, die das, *was* die Signale übermitteln, vor allem im Hinblick auf die Quantität bestimmt, wird der Begriff der Nachricht zur Kennzeichnung dessen verwendet, was die einzelnen Signale und Signalfolgen einem Teilhaber des Kodes mitteilen, wobei der Kode festlegt, welche Signalfolgen welche Nachrichten repräsentieren. Die Verwechslung von „Information" und „Nachricht" (= intendierter Kommunikationsinhalt) führte in den frühen 50er Jahren bei einzelnen Vertretern der strukturalistischen Sprachwissenschaft zu einer allerdings kurzfristigen Euphorie. Man hoffte, das damals als leidig empfundene Problem der Semantik mit dem Instrumentarium der Informationstheorie lösen zu können. Tatsächlich ist dies aber nicht möglich, da die Wahrscheinlichkeit mit der Zeichenfolgen geäußert werden mit ihrer Qualität als Nachricht, als bestimmte zu übermittelnde Inhalte nicht gleichgesetzt werden kann. In der Informationstheorie selbst, die eine quantitative, mathematische Theorie ist, spielt der Begriff der Nachricht eine untergeordnete Rolle gegenüber dem der Information. Es ist aber deutlich, daß die informationstheoretischen Begriffe „Signal", „Signalvorrat" oder „Kode" und „Nachricht" eine deutliche Entsprechung in den semiotischen Begriffen „Zeichen", „Zeichensystem" und „Bedeutung" haben. Ebenso wie Signale nicht an sich, sondern nur in bezug auf das aussendende oder empfangende System, das über den Kode verfügt, Nachrichten repräsentieren, haben Zeichenexemplare nicht an sich eine Bedeutung, sondern nur in bezug auf ein zeichenerkennendes System (menschliches Bewußtsein, tierisches Nervensystem, Automat mit innerem Modell der Außenwelt), das über das entsprechende Zeichensystem verfügt.

Die Unterscheidung, die wir früher für das Verhältnis „Zeichen": „Zeichenexemplar" getroffen haben, gilt auch für den informationstheoretischen Begriff des Signals. Es ist zwischen den Signalen als konkreten physikalischen Ereignissen oder materiellen Gebilden und den Signalgestalten, die den Kode bilden, zu unterscheiden.

Mit diesen bescheidenen Hinweisen auf Analogien zwischen semiotisch-linguistischen Ansätzen und solchen der Informationstheorie und auf deren Besonderheiten sollte lediglich gezeigt werden, daß zwischen der Sprachwissenschaft, im weiteren Sinne verstanden, und technologisch so wichtigen Bereichen wie der Informationstheorie und der Nachrichtentechnik interessante Beziehungen bestehen.

5. EINIGE WEITERE WICHTIGE BEGRIFFE DER
LINGUISTISCHEN SEMANTIK

5.1. Syntagma – Paradigma

Diese beiden Begriffe spielen in jedem Bereich sprachlicher Beschreibung eine wichtige Rolle; beide stehen zueinander in der Beziehung der Interdependenz, d. h. der gegenseitigen Abhängigkeit. Jedes sprachliche Zeichen (aber auch jedes sonstige Element einer linguistischen Struktur, z. B. Phoneme, distinktive Merkmale oder Konstituenten eines Satzes) ist in paradigmatische und syntagmatische Relationen einbezogen. Es steht in paradigmatischer Beziehung zu all den Zeichen, die für es im jeweils gleichen Kontext eintreten können; zu all den Zeichen, mit denen es in einem gegebenen Kontext (Satz, Text) zusammen vorkommen kann, steht es in syntagmatischen Beziehungen.

Abstrakt können diese Verhältnisse in folgendem Diagramm verdeutlicht werden:

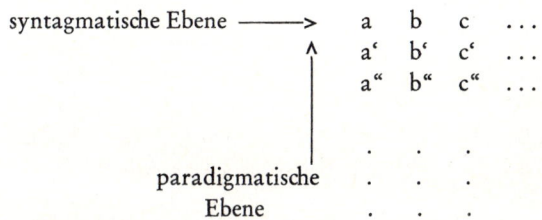

Auf der syntagmatischen Ebene werden also die sprachlichen Einheiten (z. B. *a b c*) ihrer hierarchischen Gliederung entsprechend so abgebildet, daß die Struktur von im Kommunikationsprozeß auftretenden Konstruktionen (z. B. Satz und Text) beschrieben wird. Im Bereich der paradigmatischen Ebene erfolgt eine Beschreibung sprachlicher Einheiten in dem Sinne, daß Merkmale für die Klassenbildung sprachlicher Einheiten etabliert werden. Dadurch wird festgelegt, wie Elemente einer Klasse sprachlicher Einheiten beschaffen sein müssen, um in einem bestimmten Kontext verwendet werden zu können. Daraus ergibt sich, daß die Elemente einer paradigmatisch verstandenen Klasse sich an einer bestimmten Stelle einer Äußerung gegenseitig ausschließen. Das bekannteste Beispiel für solche Klassenbildungen sind die traditionellen Wortklassen. Beide Begriffe – Syntagma und Paradigma – gehören zu den konstituierenden Charakteristika der modernen „strukturellen Sprachwissenschaft" aller Schattierungen. Es gilt nämlich der Satz, daß linguistische Einheiten (Phoneme, Morpheme etc.) außerhalb ihrer paradigmatischen und syntagmatischen Beziehungen nicht als Einheiten irgendeines sprachlichen Systems gelten können.

Beispiel aus dem Bereich der Phonologie:

Betrachten wir die phonemische Realisierung des engl. Wortes *bet* = / bet /. Das Phonem / b / steht in paradigmatischer Beziehung zu den Phonemen / p /, / s /, / m / etc., weil diese Phoneme für / b / in der sonst gleichen Umgebung / -et / eintreten können und andere Wortformen des Englischen ergeben. Dasselbe gilt mutatis mutandis für die anderen Phoneme / e / bzw. / t /. Andererseits steht das Phonem / b / in syntagmatischer Beziehung zu der Phonemfolge / -et /. Entsprechendes gilt für die Phoneme / e / und / t /.

Im Bereich der Semantik stellt sich die Relevanz der Begriffe Syntagma – Paradigma folgendermaßen dar: durch paradigmatische Beziehungen im lexikalisch-semantischen Bereich können sog. „Wortfelder" oder semantisch motivierte Klassen sprachlicher Zeichen aufgebaut werden (vgl. hierzu die sehr informative Arbeit von H. Geckeler, *Strukturelle Semantik und Wortfeldtheorie*, München 1971). Solche semantischen Felder können sich aufgrund semantischer Affinitäten oder kategorialer Gemeinsamkeiten zwischen lexikalischen Elementen ergeben, z. B. das Feld der sog. „performativen" Verben: *schwören, versprechen, taufen* in der 1. Pers. sing. präs.; oder das Feld der Verwandtschaftsbeziehungen in einer bestimmten Sprache.

Sprachliche Zeichen (Morpheme, Wörter) sind in einem gegebenen Text qua Zeichen*formen* in bestimmter Weise syntaktisch geordnet. Aus dieser syntaktischen Wohlgeordnetheit leitet sich das Kriterium der „Grammatikalität" einer Äußerung ab. Diese Ordnung ist aber nicht identisch und deshalb nicht zu verwechseln mit den semantisch-syntagmatischen Beziehungen zwischen den Inhalten sprachlicher Zeichen, die den Sinnzusammenhang eines bestimmten Satzes, Textes ergeben. Eine Art solcher syntagmatisch-semantischer Beziehungen zwischen Wortinhalten in einem Satz wurde schon 1934 von Walter Porzig unter dem Namen „wesenhafte Bedeutungsbeziehungen" bekannt gemacht (vgl. *Hund / bellen; Pferd / wiehern; Haar / blond* etc.) (PBB 58, 70-97). Vgl. in diesem Zusammenhang Coserius theoretisch und empirisch gleichermaßen relevante *Einführung in die strukturelle Betrachtung des Wortschatzes* (Tübingen 1970).

N. Chomsky hat diese Beziehungen neuerdings unter der Bezeichnung „Selektionsrestriktionen" in sein generativ-transformationelles Grammatikmodell eingeführt. Er tat dies allerdings in der syntaktischen Komponente seines Modells, was ihm von einigen seiner Kritiker als Inkonsistenz angekreidet wurde. Die folgenden Beispiele sollen intuitiv – ohne die Einführung eines formalen Apparats – klarmachen, um welche Art von syntagmatisch-semantischen Regularitäten es sich im Falle von Selektionsrestriktionen handelt.

(1) ˣ*Farblose grüne Ideen schlafen wütend*
     (dies ist Chomskys eigener, mittlerweile berühmt gewordener Beispielsatz, an dem die Verletzung von Selektionsbeschränkungen gezeigt werden kann).
(2) ˣ*Eisen las das Haus*

Bei (1) kann gezeigt werden – läßt man poetische Bereiche einmal aus dem Spiel – daß u. a. die Selektionsbeschränkungen zwischen *schlafen* und *Ideen* einerseits und *schlafen* und *wütend* andererseits verletzt sind, da z. B. *Idee* nicht an Subjektstelle von *schlafen* auftreten kann; vielmehr können hier nur lexikalische Einheiten eingesetzt werden, die das Merkmal [+ belebt] erfüllen. Für das Verhältnis von *schlafen* und *wütend* gilt, daß *wütend* wegen seiner

Merkmale, z. B. [+ bewußte äußerlich wahrnehmbare Emotion . . .] nicht wie z. B. *ruhig, zuckend* als Adverb in eine semantische Beziehung zu *schlafen* treten kann. In gleichem Sinne ist die Verletzung der Selektionsbeschränkungen im Beispiel (2) zu offensichtlich, um näher erklärt zu werden.

Eine weitere Art von syntagmatisch-semantischen Beziehungen im Satz, die mit den zuvor genannten Selektionsbeschränkungen indirekt zusammenhängen, wurde in allerjüngster Zeit von Vertretern der sog. „generativ-semantischen" Richtung vorgestellt. Dabei handelt es sich um semantische Relationskonstanten (wie z. B. *AFF, CAUS, LOC, TEMP* etc.), die semantische Beziehungen zwischen Wortinhalten in Sätzen und damit satzsemantische Strukturen etablieren sollen.

Die Symbole *AFF* etc. seien folgendermaßen erklärt:

AFF = „affizieren", z. B. semantische Beziehungen zwischen „brennen" und „Holz" in einem Satz wie *Holz brennt.*

CAUS = „willentlich verursachen, hervorrufen", z. B. zwischen „Hans" und „rennen" in *Hans rennt.*

LOC = „Beziehung auf einen Ort", typischerweise repräsentiert durch sog. „lokale Präpositionen" wie *auf, in, an . . .*

Beispiel: *Er schläft auf dem Schrank;* hier kann man annehmen, daß der Sachverhalt „er schläft" zu „der Schrank" in einer lokalen Beziehung steht.

TEMP = „Beziehung auf einen Zeitpunkt oder Zeitraum"; entsprechende Präpositionen: *um, von . . . bis . . .* Beispiel: *Er schlief um Mitternacht (ein).* Es gelte eine analoge Analyse wie bei *LOC.*

Es sei an dieser Stelle betont, daß die Einführung solcher semantischer Relationskonstanten oder sonstiger ihnen äquivalenter Kategorien (vgl. Fillmores semantisch verstandener Kasus-Begriff) heute noch mit beträchtlichen Schwierigkeiten belastet ist, einmal was ihre Motivation und Begründung anlangt, zum anderen, was ihren Einbau in ein theoretisch konsistentes und empirisch adäquates linguistisches Modell betrifft (vgl. u. a. Brekle 1970, Chafe 1970, Langendoen 1970).

84

5.2. „Lexikalische" und „grammatische" Bedeutung

In der einen oder anderen Terminologie findet sich die Unterscheidung zwischen „lexikalischer" und „grammatischer" Bedeutung eigentlich in jeder umfänglicheren sprach- bzw. grammatik-theoretischen Abhandlung. Jespersen (1924) unterscheidet zwischen „full" bzw. „empty words". Denselben Unterschied treffen wir wieder in den Termini „content words" bzw. „form words". In der amerikanischen strukturalistischen Linguistik, (z. B. Fries 1954), begegnen wir der Unterscheidung zwischen „lexical" bzw. „structural meaning". Traditionellerweise (auf Aristoteles zurückgehend) wird postuliert, daß nur die Hauptwortklassen (wie Substantiv, Verb, Adjektiv, Adverb) eine eigentlich lexikalische Bedeutung hätten: hingegen hätten Artikel, Präpositionen, Konjunktionen, Tempus- / Aspektmarkierungen, verschiedene Satzmodi (Frage, Befehl, Behauptung) „strukturelle" oder „grammatische" Bedeutung. Lyons (1968, 435) unterscheidet mindestens drei verschiedene Arten von „grammatischen" Bedeutungen (wie sie z. B. unter Fries' Terminus *structural meaning* subsummiert werden können):

1. Die Bedeutung von Präpositionen, Kasussuffixen, Tempus- / Aspektmarkierungen u. ä.
2. Die Bedeutung von grammatischen Funktionen wie „Subjekt-von", „Objekt-von".
3. Die Bedeutungen, wie sie verschiedenen Satzmodi (Frage, Befehl, Behauptung) zukommen.

Für die Explikation der Unterscheidung zwischen „lexikalischer" und „grammatischer" Bedeutung wurden schon die verschiedensten Kriterien vorgeschlagen (meist nach ziemlich vagen semantischen Gesichtspunkten, z. B. „grammatische" Bedeutungen seien allgemeinerer Natur als „lexikalische" u. ä.).

Die formal befriedigendste Erklärung wurde von Martinet, Halliday und anderen vorgeschlagen: sie korrelieren „grammatische" / „lexikalische" Bedeutungen paradigmatisch mit „geschlossenen" / „offenen" Klassen sprachlicher Zeichen. Es läßt sich empirisch feststellen, daß grundsätzlich in jeder natürlichen Sprache sich das Zeichen- oder Morpheminventar einteilen läßt in „geschlossene" bzw. „offene" Klassen. Unter „geschlossener Klasse" ist diejenige Menge sprachlicher Zeichen zu verstehen, die innerhalb eines synchronisch funktionierenden Sprachsystems abzählbar viele Elemente enthält. Weiterhin kann gelten, daß sich die Zusammensetzung dieser Menge sprachlicher Zeichen in einem synchronisch funktionierenden Sprachsystem nicht verändert. Beispiele für solche „geschlossenen" Klassen aus dem indoeuropäischen Sprachenbereich sind: die Klassen der Präpositionen (*in, an, auf, während, um* etc.); die Klasse der Konjunktionen (*und, oder, aber* etc.); die Klasse der Kasusmorpheme, die sich z. B. im Lateinischen je nach Deklinationsschema zu Unterklassen zusammenfassen lassen; die Klasse der Derivationsmorpheme (*-heit, -ung; un-, miß-; -lich, -ig* etc.). Weitere Beispiele wären aus dem Bereich der morphologischen Repräsentation der Tempora, Genera, Pronomina etc. zu nennen. Gemeinsam ist allen diesen „geschlossenen" Klassen, daß ein kompetenter Sprecher der betreffenden Sprache – will er seinen Kommunikationserfolg nicht in Frage stellen – diese „geschlossenen" Klassen sprachlicher Zeichen nicht erweitern kann; er kann also nicht neue Formen für Pronomina einführen, er kann das Flexionssystem seiner Sprache nicht durch neue Formen bereichern etc.

Im Gegensatz zu den „geschlossenen" Klassen sprachlicher Zeichen steht die grundsätzliche quantitative und qualitative Veränderbarkeit der „offenen" Klassen sprachlicher Zeichen. Unter diesen „offenen" Klassen ist an erster Stelle die Klasse der Substantive zu nennen: uns begegnen fast täglich in den Zeitungen neue Wortschöpfungen, seien es neue Wortbildungen (z. B. *Steuerflucht, Sozialbindung* (des Eigentums) etc.), seien es Fremdwörter (z. B. *park and ride-System*), seien es Abkürzungsnamen für Institutionen. Meist auf Ableitungsbasis sind von solchen Erscheinungen auch die Wortklassen der Verben, Adjektive und bestimmte Klassen von Adverbien betroffen. Ganz offenbar sind es also diese „offenen" Klassen, in denen es den Sprechern einer Sprache möglich ist, neue Begriffsbildungen in eine morphologisch-lexikalisch konzise Form zu bringen.

Das Bild kompliziert sich jedoch dadurch – damit kehren wir wieder zu semantischen Gesichtspunkten zurück – daß angenommen werden kann, daß Substantiven, Verben etc. außer ihrer jeweils speziellen lexikalischen Bedeutung auch noch Klassenbedeutungen zukommen. Diese Annahme läßt sich an der primitiven (und in ihrer Allgemeinheit falschen!) Behauptung zeigen, derzufolge Substantive „Gegenstände" benennen, Adjektive „Qualitäten", Verben „Tätigkeiten". Diese Kategorien kämen den entsprechenden syntaktisch-morphologisch bestimmbaren Wortklassen als sog. „Klassenbedeutungen" zu.

Dieser Ansatz wird akzeptabler, wenn innerhalb z. B. der Klasse der Verben einer Sprache zwischen „Seins-, Zustands- und Handlungsverben" unterschieden wird. (Weiteres vgl. Lyons 1968, 437 f.).

Vom Standpunkt der generativ-transformationellen Grammatiktheorie ist eine grundsätzliche formale Differenzierung des hier in Rede stehenden Unterschieds möglich: Einheiten einer linguistischen Theorie, die je nach Sprache oberflächenstrukturell verschieden repräsentiert sein können und die als Konstante (z. B. bestimmte kategorial interpretierte Kasusbeziehungen in Fillmores oder Brekles Grammatikmodell) in der generativen Basiskomponente des betreffenden Grammatikmodells auftreten, können als Elemente mit sogenannter „grammatischer" Bedeutung aufgefaßt werden. Jene Elemente, die in einer Basisstruktur als Variable über einer bestimmten Klasse „lexikalischer" Elemente zu verstehen sind (die also erst zu einem bestimmten Punkt der Ableitung als Konstanten aus dem Lexikon ausgewählt werden), sind als Einheiten mit „lexikalischer" Bedeutung aufzufassen.

Eine entsprechende Behandlung in einem generativ-transformationellen Grammatikmodell würde die Repräsentation von sogenannten „grammatischen" Funktionen (z. B. verschiedene „Objekte": affiziert / effiziert) und die verschiedenen Satzmodi erfahren.

Lyons ist im übrigen zuzustimmen, wenn er sagt „that there seems to be no essential difference between the kind of ‚meaning' associated with lexical items and the kind of meaning associated with grammatical items in those cases where the distinction between these two classes of deep-structure elements can be drawn." (1968, 438). Lyons sagt weiter, daß, wenn überhaupt irgendeine Verallgemeinerung über die Bedeutung grammatischer Elemente vorgenommen werden kann, es jene sein wird, die mit allgemeinsten raum-zeitlichen, individualisierenden, verursachenden, affizierenden u. ä. Kategorien zu verbinden ist. Dabei bleibt die Frage offen, wie in der jeweils besonderen Sprache diese Kategorien morphosyntaktisch repräsentiert werden (z. B. als „gebundene" oder relativ „freie" Morpheme, durch Intonationsverläufe u. ä.).

5.3. Synonymie

Dieser Begriff hat in der Geschichte der Sprachwissenschaft – und speziell der linguistischen Semantik – eine lange Tradition. Im ausgehenden 17. und im ganzen 18. Jahrhundert wurde besonders in der französischen Sprachphilosophie und Sprachwissenschaft über diesen Begriff und seine praktischen Anwendungen gearbeitet (vgl. z. B. Abbé Girards *Synonymes français,* die viele Auflagen erlebten).

Für neuere grammatiktheoretische Ansätze, z. B. die verschiedenen Spielarten der generativ-transformationellen Grammatik, erweist sich der Begriff der Synonymie als zentral, insofern „es mit diesem möglich wird, Paraphrasenklassen zu kennzeichnen. Man kann dies etwa so verstehen, daß eine Tiefenstruktur als Repräsentant einer Paraphrasenklasse gewählt wird, und aus ihr mittels transformationeller Prozesse alle Elemente der betreffenden Paraphrasenklasse ableitbar sein sollen". (Wunderlich, 1970, 335).

Allgemein versteht man unter „Synonymie" die Bedeutungsgleichheit sprachlicher Zeichen bzw. Zeichenfolgen; demnach ist „Synonymie" ein Relationsbegriff, dessen Relata zwei Zeichenformen sind:

$$\text{syn } (a, b)$$

Die Formel besagt also, daß die durch die Buchstaben *a, b* repräsentierten Zeichenformen in einer Synonymiebeziehung zueinander stehen. Nehmen wir als Beispiel die Zeichenformen, mit deren begrifflichem Gehalt wir uns hier im weiteren noch beschäftigen werden: *synonym, gleichbedeutend, äquivalent.*

Aus heutiger Sicht auf die Entwicklung der Sprachwissenschaft muß man zwischen einem strikt gefaßten Synonymiebegriff und einer mehr lockeren Interpretation dieses Begriffes unterscheiden.

Zu einer Exemplifikation des letzteren Falls – der mit der traditionellen Auffassung (auch mit literarisch-stilistischen Elementen versehen) des Synonymiebegriffs im ganzen gesehen identisch ist – zitiere ich aus der Ausgabe des *Synonymes François* des Abbé Girard von 1762:

„Pour acquérir la justesse, il faut se rendre un peu difficile sur les mots: ne point s'imaginer que ceux qu'on nomme *synonymes* le soient dans toute la rigueur d'une ressemblance parfaite, ensorte que le sens soit aussi uniforme entre eux que l'est la saveur entre les goutes d'eau d'une même source. Car en les considérant de près, on verra que cette ressemblance n'embrasse pas toute l'étendue et la force de la signification; [...]. La ressemblance que produit l'idée générale, fait donc les mots synonymes; et la différence qui vient de l'idée particuliére qui accompagne la générale, fait qu'ils ne le sont pas parfaitement, et qu'on les distingue comme les diverses nuances d'une même couleur." (Préface, 5f).

„Um seine Gedanken richtig und angemessen ausdrücken zu können, darf man mit den Wörtern nicht leichtfertig umgehen: die Vorstellung, daß Wörter, welche man *Synonyme* nennt, in ihrer Bedeutung im strengsten Sinne einander vollständig ähnlich seien, ist falsch. Ihre Bedeutungen müßten dann nämlich einander so gleichen, wie der Geschmack von Wassertropfen, die aus derselben Quelle stammen. Vielmehr, betrachtet man diese Wörter genauer, wird man sehen, daß ihre Bedeutungsähnlichkeit sich nicht auf die ganze Ausdehnung und auf alle Merkmale der Bedeutung erstreckt. [...]. Die Ähnlichkeit, die von gleichen Allgemeinbedeutungen hervorgerufen wird, bewirkt, daß Wörter synonym zueinander sind; der Unterschied, der sich aus den die Allgemeinbedeutung begleitenden Einzelbedeutungen ergibt, bewirkt, daß die jeweiligen Wörter nicht im stren-

gen Sinne synonym zueinander
sind. Man kann sie unterscheiden, wie die verschiedenen Nu-
ancen einer Farbe."

Die traditionelle Auffassung des Synonymiebegriffs läuft also
nicht auf eine restlose Identität der Bedeutungen zweier Wörter
hinaus, sondern auf eine – wie auch immer im einzelnen definierte –
Sinnverwandtschaft. Ein Blick in eines der gängigen Synonymwörterbücher gibt uns Tausende von Beispielen für solche sinnverwand-
ten Wörter. Man vergleiche etwa das Duden-Synonymwörterbuch
oder für das Englische *Webster's New Dictionary of Synonyms*
(1968). In letzterem findet sich zudem noch eine recht ausführliche
Darstellung der Geschichte englischer Synonymwörterbücher.

Unter dem starken Einfluß logisch-semantischer Forschungen
sind in der jüngsten Zeit auch in der Sprachwissenschaft Bemühungen festzustellen, zu einer strengeren Fassung des Synonymiebegriffs zu gelangen. Dabei ist jedoch grundsätzlich festzustellen,
daß sich die Problematik der Versuche, mittels streng logischer
Beziehungen — z. B. der materialen Implikation und Äquiva-
lenz, der logischen Wahrheit bzw. Analytizität u. a. — zu einer
befriedigenden Definition der Synonymiebeziehung zu kommen,
im Bereich der Beschreibung natürlicher Sprachen noch deutlicher
zeigt. Im folgenden beziehe ich mich auf zwei mittlerweile klassisch gewordene Beiträge des amerikanischen Logikers W. **van**
Orman Quine (Quine 1961 und 1961a; vgl. auch Quine 1973).

Quine betrachtet es als einen zunächst naheliegenden Ansatz,
zu versuchen, die Synonymie zwischen zwei sprachlichen Ausdrücken durch das Kriterium ihrer gegenseitigen Austauschbarkeit
in allen möglichen Kontexten und der Konstanthaltung ihres
jeweiligen Wahrheitswertes (also Leibnizens *salva veritate*-Prin-
zip) zu erfassen. Dabei ist klar, daß auf diese Weise die Synonymie von Wörtern oder anderen Satzkonstituenten nicht direkt
erfaßt wird, sondern nur auf dem Umweg ihrer Einbettung in
Sätzen, z. B.

(1) Hans ist ein Junggeselle.
(2) Hans ist ein unverheirateter Mann.

Während das *salva veritate*-Kriterium bei (1) und (2) zunächst wenigstens einen Schritt auf dem Weg zur Definition der Synonymiebeziehung zu sein scheint, wird dagegen in der subtilen Diskussion bei Quine (1961, 28ff.) klar, daß die zusätzliche Bedingung der gegenseitigen Austauschbarkeit in allen Kontexten sehr schnell z. B. im Falle von Modalkontexten zu großen Schwierigkeiten führt. Selbst wenn man das Synonymieproblem einschränkt auf Synonymiebeziehungen zwischen Ausdrücken *einer* Sprache und wenn man weiterhin Synonymie einschränkt auf die Identität der sog. „kognitiven" Bedeutung der betreffenden sprachlichen Ausdrücke (Sätze, Wörter) — wenn man also gewillt ist, von den meist subjektiven Assoziationen, die ein Sprecher mit sprachlichen Ausdrücken verbinden kann, abzusehen —, selbst dann erscheint das Austauschbarkeitskriterium nur sinnvoll, wenn auf die folgenden beiden Fragen eine ausreichende Antwort gegeben werden kann:

1) In welchen Kontexten — wenn schon nicht in allen möglichen — sollen Ausdrücke austauschbar sein?
2) Welches soll die Invariante sein, die bei einem Austausch gleich zu bleiben hat?

Quine (1961, § 3) zeigt, daß das Kriterium der Erhaltung des Wahrheitswerts sprachlicher Ausdrücke (*salva veritate*) zu schwach ist, um als ausreichende Bedingung für die Synonymiebeziehung dienen zu können. Statt dessen schlägt Quine (1961, 31f.) mit einigen Einschränkungen das Kriterium der Analytizität vor, d. h. zwei Ausdrücke seien dann kognitiv synonym, wenn sie einen Satz mit der Struktur von

(3) Alle und nur Junggesellen sind unverheiratete Männer

analytisch wahr machen. Damit ist auch die Frage (1) oben implizit beantwortet.

Zum Abschluß seines Beitrages „Meaning in Linguistics" (Quine 1961a, 63f.) schlägt Quine schließlich vor, Synonymie als eine vierstellige Relation des Mehr oder Weniger zu betrachten; er nähert sich dabei den intuitiven Lösungsvorschlägen der frühen Synonymiker, die wir eingangs dieses Abschnittes kurz gestreift haben. Demnach wäre Synonymie für die praktische Arbeit des Sprachwissenschaftlers — besonders des Lexikographen — als eine Relation über einer geordneten Menge von sprachlichen Ausdrücken zu verstehen, dergestalt daß a mit b in einer engeren Synonymiebeziehung steht, als c mit d. Als eine besonders befriedigende Lösung kann jedoch auch dieser Vorschlag nicht betrachtet werden.

Die praktischen Aufgaben eines Lexikographen und seine vielfältigen Probleme werden bei Quine (1961a) angedeutet; tatsächlich zeigt die Arbeit des Lexikographen aber, durchschnittlich betrachtet, praktisch brauchbare Ergebnisse, wenn sie auch in ihren theoretischen Voraussetzungen oft noch verbesserungsfähig sind. Wenn der Verfasser eines Wörterbuchs — sei es einsprachig oder mehrsprachig – neben Informationen wie Orthographie, phonetische Struktur, syntaktische Wortklasse etc. die Bedeutung eines lexikalischen Elements anzugeben hat, so muß er darauf achten, daß das explicandum dem explanans synonym ist. Dabei tritt normalerweise der Fall auf, daß die „Definition" (das explanans, die Paraphrase) aus weit mehr Wörtern besteht (die ihrerseits wieder syntaktisch strukturiert sind) als das zu „definierende" Wort (explicandum). Wissenschaftstheoretisch impliziert dieses lexikographische Verfahren weiterhin, daß die in der „Definition" (Paraphrase) verwendeten Wörter, der Ebene der Beschreibungssprache angehören müssen (der Metasprache, in der Aussagen über die Objektsprache (= das zu erklärende Wort) gemacht werden). Die Idealforderung für den Lexikographen geht dahin, daß er diejenigen Wörter seiner Beschreibungs- oder Metasprache so systematisch bestimmt, daß er mit einem minimalen Inventar von Grundzeichen (primitive Terme) auskommt.

In seinem schon zitierten Beitrag „Syntax und Semantik in der

Transformationsgrammatik" (1970, 336 ff.) gibt D. Wunderlich einige Beispiele für linguistisch interessante Typen von Paraphrasen, also für synonyme Ausdrücke. Dabei stellt Wunderlich fest, daß die im folgenden genannten Typen von Paraphrasen nur im Rahmen einer im einzelnen noch auszuarbeitenden Semantikkomponente einer generativ-transformationellen Grammatik und nicht innerhalb der syntaktischen Komponente eines solchen Grammatiktyps als Paraphrasen gekennzeichnet werden können.

„a) Lexikalische Paraphrasen.

Sie enthalten verschiedenes lexikalisches Material, das aber definitorisch äquivalent sein kann, z. B. *mümmeln = ausdauernd und mit kleinen Bewegungen kauen;* [...] Es ist wahrscheinlich wenig sinnvoll, wenn *er mümmelte sein Frühstücksbrot* und *er kaute ausdauernd und mit kleinen Bewegungen sein Frühstücksbrot* aus derselben Tiefenstruktur her erklärt werden. Diese müßte, damit die interne Struktur von *kaute ausdauernd und mit kleinen Bewegungen* abgeleitet werden kann, genau auch deren Komplexität enthalten, die dann fakultativ durch ein einziges Verb ersetzbar sein müßte. Dies bedeutet, daß immer die längste derart mögliche Paraphrase (falls es diese überhaupt gibt) die Form der Tiefenstruktur determiniert, womit aber die in der Sprache vorhandene Ökonomie (nämlich per lexikalischer Definition kürzere Ausdrücke einzuführen) unberücksichtigt bliebe. Der geeignete Ort für die Explikation derartiger definitorischer Abkürzungen ist nicht in der Syntaxbeschreibung von Sätzen, sondern in der Lexikonbeschreibung zu suchen". (Wunderlich 1970, 336 f.).

Weitere Beispiele für Typen semantisch bzw. pragmatisch zu begründender Paraphrasen sind nach Wunderlich

„b) Paraphrasen mit lexikalischen Konversen.

Sie enthalten Relationswörter, die in einer Konversenbeziehung stehen (x R y ist äquivalent mit y R'x), z. B. ... *Eltern / Kind; jünger als / älter als; kaufen / verkaufen; bevor / nachdem". (ibid.)*

Um nur ein Beispiel für diesen Paraphrasentyp anzuführen: der Satz *ich kaufte von Fritz das alte Auto* ist wegen der Konversenbeziehung zwischen *kaufen / verkaufen* synonym oder äquivalent mit dem Satz *Fritz verkaufte mir das alte Auto.*

c) Deiktische Paraphrasen.

Sätze in denen einmal ein deiktischer Bezug (Person, Ort Zeit) hergestellt wird, der in einem anderen Satz durch eine definite Beschreibung oder Kennzeichnung wiedergegeben wird, können deiktische Paraphrasen genannt werden. In einem Satz mit einem deiktischen Bezug hängt der Wahrheitswert dieses Satzes vom Äußerungskontext, d. h. mittelbar oder unmittelbar vom Sprecher und dessen spatiotemporaler oder sonstiger Befindlichkeit ab.

Ein Beispiel für ein entsprechendes Satzpaar wäre:

Hier in dieser Stadt lebt es sich erträglich und
In Regensburg lebt es sich erträglich

Es ist klar, daß der Ausdruck im ersten Satz *Hier in dieser Stadt* sich immer auf den Ort bezieht, an dem ein solcher Satz tatsächlich geäußert wird, während der entsprechende Ausdruck *In Regensburg* im zweiten Satz von einem solchen Äußerungskontext unabhängig einen bestimmten Ort angibt. Ob zwei Sätze mit den genannten Eigenschaften äquivalent oder synonym sind, hängt also eindeutig vom Äußerungskontext des Satzes mit deiktischem Bezug ab.

d) Pragmatische Paraphrasen.

Sätze, die zwar jeweils dieselbe Intention eines Sprechers ausdrücken können, aber dabei in wesentlich komplizierterer Weise als dies bei deiktischen Paraphasen der Fall ist vom Äußerungskontext bzw. der gesamten Kommunikationssituation abhängen, seien hier pragmatische Paraphrasen genannt. Unter gewissen Bedingungen können Sätze wie

Schließe doch bitte das Fenster.
Es zieht.
Es ist kühl.

in dem angedeuteten Sinne pragmatisch synonym sein. Die Beobachtung unseres eigenen täglichen sprachlichen Verhaltens gibt für diesen Paraphrasentyp beliebig viele Beispiele.

Allerdings ist heute nicht einmal der theoretische Rahmen absteckbar, innerhalb dessen eine systematische Sprachbeschreibung dieses Paraphrasentyps zu leisten wäre. Um diesem Ziel näher zu kommen, müßten die Sozialwissenschaften – unter die dann auch die Linguistik fallen würde – in einem heute kaum erahnbaren Außmaß kooperieren.

5.4. Hyponymie

In seinem theoretischen Status ist dieser Begriff letztlich genauso problematisch, wie derjenige der Synonymie. Dies zeigt sich schon daran, daß versucht worden ist, zwischen beiden definitorische Zusammenhänge herzustellen. Im Gegensatz zum Terminus *Synonymie* gehört der Terminus *Hyponymie* nicht dem traditionellen theoretischen Inventar der Semantik an. Mehr oder weniger implicite gehörte jedoch dieser Begriff (nicht der Terminus) schon immer zum Instrumentarium der lexikalischen Semantik bzw. der klassifizierenden Begriffslogik, die ihrerseits Hilfsmittel für die Semantik war und heute noch ist.

Eine erste Umschreibung für „Hyponymie" ist die Relation des Enthaltenseins; wir können z. B. sagen, daß die Merkmale des Prädikats „rot" im Prädikat „purpur" enthalten sind. Mehr umgangssprachlich ausgedrückt heißt dies: „purpur" ist eine Art von „rot".

Weitere Beispiele für dieses Verhältnis sind:
gehen, laufen, fahren ...: fortbewegen
Auto, Fahrrad, Kutsche ...: Fahrzeug.

Man sagt nun (cf. Lyons 1968, 453 ff.), daß z. B. *Tulpe, Rose, Nelke* etc. Ko-Hyponyme von *Blume* sind. Umgekehrt repräsentiert *Blume* in Bezug auf *Tulpe, Rose, Nelke* etc. den übergeordneten Begriff, oder ist hyperonym zu *Tulpe, Rose, Nelke* etc. (Vgl. das klassische genus-species-Verhältnis).

Das Lexikon einer Sprache – etwa verstanden als die Menge der Morpheme dieser Sprache – ist nun aber nicht ohne weiteres so zu strukturieren, daß es zu jedem Wort oder zu einer bestimmten Teilmenge von Wörtern (z. B. der Farbwörter) jeweils ein als Hyperonym zu betrachtendes Wort gibt; das Adj. *farbig* ist nur in beschränktem Sinne als Hyperonym zur Menge der Farbwörter aufzufassen, vgl. *weiß, schwarz*! Diese Erscheinung ist den semantischen Theoretikern (z. B. Ullmann) schon lange bekannt; man spricht dann von „Lücken" in der lexikalischen Struktur einer bestimmten Sprache.

Die Negation der Hyponymierelation ergibt die Beziehung der Inkompatibilität zwischen lexikalischen Elementen, die auf der Basis kontradiktorischer Sätze definiert werden kann. Wenn S_1 implizit oder explizit S_2 negiert, dann verhalten sich S_1 und S_2 kontradiktorisch zueinander. Nehmen wir den Satz

Mary was wearing a red hat.

so wird dadurch implizit – gleicher Kontext vorausgesetzt – negiert, daß

Mary was wearing a green hat.

Das heißt, daß die Farbwörter gegenseitig inkompatibel sind.

Die Beziehung der Inkompatibilität von Wörtern ist nicht zu verwechseln mit dem Fall der Bedeutungsverschiedenheit. Inkompatibilität ist ein Spezialfall von Bedeutungsverschiedenheit; sie gilt sozusagen nur innerhalb einer bestimmten „Dimension" (z. B. der Farbwörter).

Dagegen lassen sich neben Farbwörtern auch andere qualifizierende Wörter auf einen Gegenstand anwenden, die dann anderen „Dimensionen", z. B. hart – weich; ± Geruch etc., angehören. Farbe, Härte oder Geruchs- oder ästhetische Qualifikationen eines Gegenstandes sind also nicht inkompatibel zueinander.

In neueren linguistischen Arbeiten (vgl. z. B. Rohrer 1970, Brockhaus/Stechow 1971) wird die Hyponymie-Relation – vergleichbar der Rolle, die die Paraphrasen- oder Synonymie-Beziehung als heuristisches Instrument in der klassischen Version der generativ-transformationellen Grammatik (etwa Chomsky 1965) spielt – verstärkt als Grundrelation bei der Konstruktion semantischer Theorien verwendet.

Parallel dazu wird heute auch noch versucht, Präsuppositionsbeziehungen eines Satzes zu beschreiben.

Als Präsupposition eines Satzes kann man verstehen die einem Satz zugrundeliegende und von demjenigen, der diesen Satz äußert als gegeben angenommene Voraussetzung, die, in wenn nicht allen, so doch in vielen Fällen aus dem Satz selbst erschlossen werden kann. Um welche Art von Folgerungsbeziehung, die über die einleitend zu diesem Abschnitt eingeführte Enthaltenseinsbeziehung zwischen einfachen Prädikaten in gewisser Weise hinausgeht, es sich hier handelt, sollen die folgenden Beispiele, die wiederum aus Wunderlich 1970 entnommen sind, zeigen. Es soll dabei gelten, daß Sätze, die durch das nicht im strengen logischen Sinne zu verstehende Implikationszeichen „⊃ " verbunden sind, Beispiele für Hyponymenpaare darstellen:

(1) *Peter hat aufgehört zu rauchen ⊃ Peter hat (früher) geraucht*
(2) *Peter ist aufgewacht ⊃ Peter hat (vorher) geschlafen*

Im Satzpaar (1) ergibt sich die im ersten Teil gemachte Voraussetzung oder die Präsupposition aus der semantischen Interpretation von *aufhören*; d. h. damit ein Prozeß, ein Zustand aufhören kann, muß er vorher in Gang gewesen sein bzw. bestanden haben. Beim Satzpaar (2) gilt entsprechendes für *aufwachen*, das zudem noch mittels der Synonymiebeziehung *aufwachen = aufhören zu schlafen* der Struktur des ersten Teils von (1) angeglichen werden kann.

Weitere interessante Fälle von Präsupposition stellen die folgenden Beispiele dar; interessant deshalb, weil mittels der Präsuppositionsbeziehung zwischen den entsprechenden Sätzen eine semantisch und syntaktisch relevante Klassifizierung von Verben erreicht wird.

(3) *Peter bedauerte, Emilia verpaßt zu haben ⊃ Peter hat Emilia verpaßt*
(4) *Peter täuschte vor, krank zu sein ⊃ Peter ist nicht krank*

In den Satzpaaren (3) und (4) ergibt sich die Stimmigkeit der jeweiligen Präsupposition – also *Peter hat Emilia verpaßt* bzw. *Peter ist nicht krank* aus einer jeweils besonderen Eigenschaft der im ersten Teil von (3) bzw. (4) vorkommenden Verben, nämlich *bedauern, vortäuschen.* Verben wie *bedauern, leugnen, wissen* gehören zur Klasse der positiv-faktiven Verben, die die Eigenschaft haben, daß die Wahrheit des als ihr Komplement vorkommenden Satzes bzw. die Präsupposition vorausgesetzt ist: *Peter hat Emilia verpaßt.* Verben wie *vortäuschen, lügen* gehören dagegen zur Klasse der negativ-faktiven Verben; diese haben die Eigenschaft, die Falschheit des als ihr Komplement vorkommenden Satzes (*Peter ist krank*) vorauszusetzen. Logischerweise gilt dann die Negation des Komplement-Satzes *Peter ist nicht krank* als wahre Präsupposition des Gesamtsatzes mit *vortäuschen.*

Auch im Bereich der Analyse von Fragesätzen erweist sich der Testrahmen mit Präsuppositionen als informativ:

(5) *Hat Peter das Buch in Parı́s gekauft?* ⊃ *Peter hat das Buch gekauft*

Die Frage bezieht sich nur auf den Ort, an dem Peter das Buch gekauft hat; intonatorisch ist dies in dem Beispielsatz durch einen emphatischen Akzent auf *Paris* gekennzeichnet. Bei derartigen Fragen kann der Akzent grundsätzlich auf jede Satzkonstituente gelegt werden; entsprechend ändert sich das Frageziel. Als Präsupposition gilt der Satz, der sich aus den nicht-akzentuierten Konstituenten des Vordersatzes bilden läßt.

Der linguistische Nutzen einer Präsuppositionsanalyse liegt in der Möglichkeit

a) bestimmte Textzusammenhänge, also Folgerungsbeziehungen zwischen Sätzen, zu klären;

b) hierfür die Hyponymie-Beziehung als mittelbares Instrument der Analyse heranzuziehen und

c) daß in einem Präsuppositionsrahmen in vielen Fällen semantisch und syntaktisch relevante Wortklassen aufgestellt werden können.

Eine weitere Klärung und linguistisch interessante Ergebnisse in dieser neuen Domäne der Semantik darf mit einiger Sicherheit von der zukünftigen Forschung erwartet werden. (Vgl. z. B. Kiparsky/Kiparsky 1971, Schmidt 1973, 5.2 ff., Franck/Petöfi 1972).

6. PRAGMATIK ALS NOTWENDIGE ERWEITERUNG DER LINGUISTISCHEN SEMANTIK

In den vorhergehenden zwei Kapiteln wurde in einem allgemeinen Sinne über Fragen der Methodologie und einiger wichtiger Kategorien im Bereich der linguistischen Semantik gehandelt. Dabei wurde auf speziell linguistisch-pragmatische Probleme nur am Rande Bezug genommen. Die heutige Forschungslage in der Semantik und der Pragmatik macht folgendes deutlich: viele Fragestellungen in zeitgenössischen linguistischen Arbeiten zeigen, daß Grammatikmodelle, die empirische und erklärende Adäquatheit beanspruchen, die Behandlung pragmatischer Probleme – also Beziehungen von Sprechern/Hörern zu sprachlichen Strukturen – nicht weiter vernachlässigen können. Es ist jedoch heute nicht völlig absehbar, in welcher Weise die vielfältigen pragmatischen Probleme innerhalb einer Sprachtheorie zu behandeln sind. Insbesondere erscheint das Verhältnis von Semantik und Pragmatik zwar von seiner semiotischen Fundierung her klar zu sein, ob es jedoch forschungsstrategisch und forschungsökonomisch empfehlenswert ist, eine scharfe Trennung in verschiedene Komponenten einer Grammatik vorzunehmen, ist bis heute noch nicht klar. (Vgl. unsere Skizze einer Theorie der kommunikativen Kompetenz unter 7.3.).

Unabhängig von dieser Frage, die erst lösbar sein dürfte, wenn in dem sehr komplexen Gebiet der linguistischen Pragmatik genügend Einzeluntersuchungen vorliegen, soll in diesem Kapitel versucht werden, eine knappe Übersicht über Ansätze zu einer linguistischen Pragmatik, die im Anschluß an die Semantik als notwendige Ergänzung sprachinhaltlicher Überlegungen angesehen wird, zu geben.

Soweit die linguistische Semantik bisher in einem strengeren formallogisch und erkenntnistheoretisch reflektierten Sinne sich mit der Beschreibung von Teilgebieten natürlicher Sprachen befaßt hat, ist festzustellen, daß man entweder im lexikalischen oder Satzbereich pragmatik-unabhängige semantische Strukturen untersucht hat oder bei Problemen der Quantifikation, der Tempussemantik etc. pragmatische Merkmale wie „ ± spezifisch", Tempuskategorien etc. als semantische Merkmale mit in semantische Beschreibungen aufgenommen hat. Es scheint heute klar zu sein, daß eine vollständige Beschreibung nicht einzelner künstlich isolierter Sätze bzw. diesen zugrunde liegenden Propositionalstrukturen, sondern von tatsächlich vollzogenen Sprechakten notwendigerweise die Einbeziehung von kommunikationssituationsbezogenen Faktoren erfordert. Diese Ausweitung der Aufgabenstellung sprachwissenschaftlicher Forschung bringt zweifellos eine erheblich größere Realitätsnähe in bezug auf die zu erforschenden Gegenstände mit sich; damit verbunden ist eine potentiell erweiterte Anwendungsmöglichkeit linguistischer Forschungsergebnisse z. B. auch im Lehren und Lernen von Sprachen. Wir schlagen hier folgende Aufteilung des Bereichs linguistischer Forschung vor:

1. In der *Syntax* ist ein Regelsystem weiter zu entwickeln, das die formal eindeutige und empirisch adäquate Ableitung von Sätzen mit der jeweiligen phonologischen Spezifikation gestattet.
2. In der *Semantik* sind ebenfalls formal eindeutige und empirisch adäquate Verfahren zu entwickeln, die es gestatten, mit einer finiten Menge von semantischen Merkmalen oder Prädikaten höhere sprachinhaltliche Strukturen (Wörter, Propositionen) abzuleiten.

   Folgt man den generativ-semantischen Vorschlägen von Lakoff/McCawley, so ergibt sich an im einzelnen noch zu spezifizierenden Punkten ein Übergang von semantischen zu syntaktischen Strukturen (vgl. Kap. 7.2.). Inwieweit die gleich zu nennenden pragmatischen Faktoren vollständig in ein generativ-grammatisches Sprachmodell einbezogen werden können, muß hier offen bleiben (vgl. hierzu Kap. 7.3.). Es wird jedoch angenommen, daß auch eine kommunikationssituations-unabhängige Semantik weiterhin eine relativ eigenständige Komponente einer linguistischen Theorie sein kann.
3. Aufgabe der Pragmatik ist die Erforschung der Bedingungen für das Zustandekommen von Sprechakten. Zu diesen Bedingungen gehören zunächst grundsätzlich das Erfülltsein von syntaktischen

und semantischen Wohlgeformtheitskriterien, darüber hinaus aber ein weites Feld von Faktoren und Bedingungen, die Sprechakte erst konstituieren und sie unter gewissen Umständen zu Einheiten von erfolgreich ablaufenden Kommunikationsprozessen machen. (Als Ergänzung und Vertiefung zu diesem Kapitel sei insgesamt auf Schmidt 1973 hingewiesen).

Jeder Satz oder jede Menge von Sätzen, die tatsächlich geäußert werden (gesprochen oder geschrieben), hat einen Produzenten („Sprecher") und mindestens einen Empfänger („Hörer"); im Falle des echten Monologs fallen beide zwar referentiell aber nicht funktionell zusammen. Diese triviale Feststellung hat ihre Auswirkungen auf die Klassifikation verschiedener Typen von Sprechakten, insofern der Sprecher / Hörer in verschiedener Weise linguistische Strukturen für seine Kommunikationsabsichten bzw. -handlungen verwendet. In der Grammatik wurden schon immer Aussage- oder Behauptungssätze von Fragesätzen, Befehlssätzen unterschieden, allerdings ohne dabei einen wünschenswerten Grad an theoretischer Explizitheit zu erreichen. Heute würde man nicht mehr von Aussage*sätzen*, Frage*sätzen* etc. sprechen, sondern von Typen von Sprechakten, mit denen verschiedene Kommunikationshandlungen wie „eine Behauptung aufstellen: urteilen, das Bestehen eines Sachverhalts behaupten", „eine Frage stellen: jemanden zu einer angemessenen sprachlichen Handlung auffordern", „etwas wünschen, befehlen: jemanden zu sprachlichen oder nicht-sprachlichen Handlungen oder Dispositionen veranlassen" beschrieben werden können.

Es ist klar, daß bei diesen verschiedenen Typen von Sprechakten dem Sprecher bzw. Hörer jeweils verschiedene Funktionen zukommen, ohne deren Erfüllung ein einzelner Sprechakt nicht möglich wäre. Dabei ist wichtig festzustellen, daß bei diesen Typen von Sprechakten der propositionale Gehalt der Äußerung grundsätzlich gleich bleibt; was sich ändert ist der Modus, unter dem der einzelne Sprechakt vollzogen wird. Man vergleiche die folgenden Beispiele von Äußerungen oder Sprechakten:

(1) Das Buch liegt auf dem Tisch.
(2) Liegt das Buch auf dem Tisch?
(3) Lege das Buch auf den Tisch!

Bei (1) behauptet ein Sprecher das Bestehen des Sachverhalts „Das-Buch-auf-dem-Tisch-liegen"; die Äußerung ist an einen potentiellen Hörer gerichtet.

Bei (2) fordert der Sprecher einen Hörer; d. h. einen Dialogteilnehmer auf, über das Bestehen oder Nichtbestehen des Sachverhalts „Das-Buch-auf-dem-Tisch-liegen" seinerseits eine Behauptung aufzustellen, z. B.

(2') Nein, das Buch liegt nicht auf dem Tisch.

Bei (3) wird ein Hörer nicht zu einer Redehandlung wie bei (2) aufgefordert, sondern zu einer extralinguistischen Handlung, nämlich das in Rede stehende Buch in eine bestimmte Position zu bringen und zwar so, daß die Wahrheitsbedingungen für eine Äußerung wie (1) positiv erfüllt sind.

Damit sind aber noch nicht alle pragmatischen Faktoren für eine relativ vollständige Beschreibung der Äußerungen (1)-(3) erfaßt. Bei allen drei Äußerungen müssen zusätzliche Bedingungen für einen erfolgreichen Redeakt erfüllt sein. So muß z. B. für den Sprecher und Hörer die jeweilige referentielle Identität für *das Buch* bzw. *den Tisch* gegeben sein, da sonst ein Verstehen bzw. eine angemessene „Antwort" von seiten des Hörers nicht garantiert ist. Eine weitere gemeinsame Voraussetzung für den Vollzug von (1)-(3) als erfolgreiche Redeakte ist das Bestehen bestimmter raum-zeitlicher Beziehungen zwischen Sprecher und Hörer.

Bei (2) gilt für den Hörer bzw. Antwortenden, daß er – um einen normalen Dialog nicht zu gefährden – nur eine Aussage über das Bestehen oder Nichtbestehen des Sachverhalts „Das-Buch-auf-dem-Tisch-liegen" machen kann. Ein solcher Minimaldialog kann allerdings sowohl aus Verschulden des Sprechers wie des Hörers / Antwortenden „verunglücken". Im ersten Fall setzt der Sprecher voraus („präsupponiert"), daß ein bestimmtes Buch und ein bestimmter Tisch auch für den Hörer identifizierbar vorhanden ist; ist dies nicht der Fall, so hat der Sprecher die Bedingungen für seinen Sprechakt mißachtet, die Frage geht daneben (dieser Typ von unangemessenen interrogativen Redeakten liegt als Prinzip den bekannten Jerewan-Witzen zugrunde, z. B.

Hat Pjotr in Kiew ein Fahrrad gewonnen?
Im Prinzip ja, aber es war nicht Pjotr, sondern . . .
und es war nicht in Kiew, sondern in . . . und . . . und . . .;

d. h. es können allen vom Fragenden gemachten Voraussetzungen („Präsuppositionen") vom Antwortenden Alternativen gegenübergestellt werden, die eigentlich vom Fragenden gar nicht beabsichtigt sind.

Im zweiten Fall kann der Hörer den Dialog erschweren oder verweigern, indem er z. B. eine beliebige Äußerung von sich gibt, die nicht den propositionellen Kern von (2) bejaht oder verneint.

Bei (3) müssen z. B. bestimmte Bedingungen des sozialen Status der Kommunikationsteilnahme erfüllt sein, um den Dialog z. B. nicht durch eine Antwort wie „Bin ich Ihr Diener?" abnormal werden zu lassen.

Eine wesentliche Bereicherung hat die linguistisch-pragmatische Forschung durch die Arbeiten von J. L. Austin erfahren, der in seinen 1962 unter dem mittlerweile klassisch gewordenen Titel „How to do things with words" veröffentlichten Vorlesungen von der Einsicht ausgeht, daß viele Sätze, die ihrer sprachlichen Form nach bisher als Aussagesätze klassifiziert wurden, keineswegs Urteile über Sachverhalte sind, sondern vielmehr als sprachliche Äußerungen anzusehen sind, die durch den Akt ihrer Äußerung eine Handlung bestimmter Art vollziehen. Austin traf zunächst eine Unterscheidung zwischen „performativen" und „konstatierenden" Äußerungen. Beispiele für performative Äußerungen sind

(4) Ich verspreche Dir bald zu kommen.
(5) Ich wette DM 10,–, daß er kommen wird.

Als eine konstatierende Äußerung dagegen ist aufzufassen

(6) Ich sehe ihn kommen.

In (4) und (5) wird nichts behauptet oder beschrieben, vielmehr ist die Äußerung solcher Sätze selbst eine Handlung; der Sprecher begibt sich in eine soziokulturell zu definierende Selbstbindung eine

Handlung als Konsequenz seiner Versprechensäußerung zu vollziehen bzw. im für ihn ungünstigen Falle einer finanziellen Verpflichtung nachzukommen.

Beispiel (6) dagegen stellt nur eine konstatierende Äußerung dar, eine Aussage über eine Wahrnehmung des Sprechers.

Austin erkennt schließlich in einem Schritt der Synthese eine wesentliche Gemeinsamkeit zwischen den von ihm zunächst als performativ und konstatierend unterschiedenen Äußerungen: beides sind Typen von Sprechakten, insofern beidesmal Kommunikationshandlungen vollzogen werden. In einem allgemeineren Sinne sind die Äußerungen (4)-(6) als performativ zu werten, sie unterscheiden sich jedoch durch den Modus, der die Kommunikationshandlung dominiert. Bei (4) und (5) kann als gemeinsame dominierende Struktur etwas angenommen werden wie „der Sprecher verpflichtet sich ...“; bei (6) etwa „der Sprecher erklärt, daß ...“. Die Handlung besteht im ersten Fall in der mit einer bestimmten Konsequenz abgegebenen Verpflichtung, im zweiten Fall besteht die Handlung in der Abgabe einer Erklärung, im Aufstellen einer Behauptung.

Interessant erscheint in diesem Zusammenhang das Verhalten von sog. primär performativen Verben wie *versprechen, warnen, taufen* etc. bei der Negation verglichen mit demjenigen konstatierender Verben. Sätze mit *versprechen* etc. in performativer Funktion (grammatisch repräsentiert durch Formen der 1. Pers. Singular Indikativ) können in dieser Funktion nicht verneint werden. Sage ich „ich verspreche dir nicht zu kommen“ im Sinne von „Ich gebe kein Versprechen ab, ob ich komme oder nicht“, so ist damit kein Negat-Versprechen – was das auch immer sein mag – gegeben, sondern es wird nur erklärt, daß eine Handlung wie ein Versprechen unterlassen wird, d. h. es handelt sich um eine einfache verneinte konstatierende Äußerung. Bei konstatierenden Verben wie *sagen, behaupten* etc. tritt dagegen bei der Verneinung ein solcher Qualitätssprung im Handlungsmodus nicht ein: verneint oder nicht bleibt eine Äußerung wie „Er kommt (nicht)“ ein deklarativer Akt.

Es soll hier nicht weiter auf Austins Weiterentwicklung verschiedener Typen von Sprechakten und deren Zusammenhänge eingegangen werden; es wird verwiesen auf Austins Buch selbst und auf das dem deutschen Leser heute besser zugängliche Werk von J. R.

Searle, *Sprechakte*, das im 2. und 3. Kapitel eine kritische Würdigung von Austins Pionierarbeit enthält. Man vergleiche hierzu auch den eben erschienenen ersten Teil einer größeren Arbeit von H. Joas und A. Leist (1971): *Performative Tiefenstruktur und interaktionistischer Rollenbegriff – Ein Ansatz zu einer soziolinguistischen Pragmatik.*

Zum Abschluß dieses Kapitels sollen noch einige Argumente Wunderlichs referiert werden, die für die Notwendigkeit sprechen, daß eine Theorie der sprachlichen Kompetenz – also eine empirisch adäquate Grammatik – pragmatische Momente einschließen muß. (Vgl. Wunderlich 1968).

Deiktische Äußerungen, auch „indexical expressions" oder „token-bound sentences" genannt.
Im Unterschied zu den Sätzen

(7) Kein Mensch hat auf dem Rücken ein Auge.
(8) Walfische leben in Binnenseen

denen ohne weiteres Wahrheitswerte zugeordnet werden können, z. B. aufgrund allgemeiner anatomischer oder zoologischer Kenntnisse, kann man den folgenden Sätzen keine festen Wahrheitswerte zuordnen

(9) ich habe Hunger
(10) gestern hat er nicht gearbeitet.

Die Wahrheitswerte von (9) und (10) hängen vielmehr davon ab, wer, wann, wo, in bezug auf wen solche Sätze äußert. Unabhängig davon, ob man es als Aufgabe der Linguistik ansieht, Bedingungen für Wahrheitswerte von Sätzen zu formulieren oder nicht, wird eine linguistische Beschreibung doch zu erklären haben, warum

(11)* ich vermute, daß ich eben Abendbrot esse

gegenüber

(12) ich vermute, daß Franz eben Abendbrot ißt

im Grad der Annehmbarkeit als faktisch realisierte Sprechakte abweicht oder gar ungrammatisch ist. Für einen in seinen durchschnittlichen Erkenntnisfähigkeiten nicht beeinträchtigten Sprecher erscheint es unnatürlich, Vermutungen darüber anzustellen, ob er im Augenblick des Vollzugs einer Eßhandlung diese tatsächlich durchführt oder nicht. Es erscheint zweckmäßig für deiktische Ausdrücke wie (9)-(12) die Position des Sprechers – etwa als *ich-hier-jetzt*-Origo – in die grammatische Beschreibung mit aufzunehmen und für (11) entsprechende Restriktionen zu formulieren.

Äußerungen mit impliziter Deixis

Bei einigen Bewegungsverben, z. B. *kommen,* hängt der Ausgangs- oder Zielort mit dem Ort des Sprechers bzw. des Angesprochenen zusammen.

(13) illustriert die hier in Rede stehende Bedeutung von *kommen,* insofern der Ort der Angesprochenen – der Kindergarten – als Bezugspunkt gewählt ist:

(13) liebe Kinder, morgen kommt Tante Frieda in den Kindergarten und bringt euch Schokolade mit.

Dagegen wäre – ceteris paribus – die Äußerung (14) als nicht angemessen oder sogar ungrammatisch zu bezeichnen:

(14) liebe Kinder, morgen kommt Tante Frieda ins Gefängnis und bringt euch Schokolade mit.

Eine andere Bedeutung von *kommen,* die pragmatisch neutral formuliert werden kann, zeigt sich in

(15) Sollte Theodor nach Hamburg kommen, wird er bestimmt den Hafen sehen wollen.

(15) kann angemessen an jedem beliebigen Ort geäußert werden. (Vgl. im übrigen die allerdings recht technisch gehaltene Diskus-

sion in Wunderlich (1968) und die teilweise Kritik an Wunderlichs Positionen in Joas / Leist (1971)).

Eine möglicherweise zu optimistisch gesehene Nutzanwendung einer künftigen linguistisch-pragmatischen Theorie von einem der Väter der Semiotik, Charles Morris, aus seinem Beitrag zum Internationalen Kongreß über wissenschaftliche Philosophie, Paris 1936, Akten. Fasc. II; deutsche Fassung nach G. Klaus, *Die Macht des Wortes* (1965) 27 ff. sei an den Schluß dieses Kapitels gestellt.

Diagnose:

„Von der Wiege bis zum Grab, vom Erwachen bis zum Schlafengehen ist das zeitgenössische Individuum einem unaufhörlichen Sperrfeuer von Zeichen ausgesetzt, durch das andere Personen ihre Ziele vorantreiben wollen. Es wird ihm gesagt, was er glauben soll, was er billigen und mißbilligen soll, was er tun und lassen soll. Wenn er nicht aufpaßt, so wird er ein wahrhafter Roboter, der von Zeichen gesteuert wird, der in seinem Glauben, seinen Bewertungen, seiner Aktivität passiv ist . . .“

Therapie:

„Wenn ein Individuum einem Zeichen begegnet, dem er mit der Kenntnis, wie die Zeichen funktionieren, gegenübertritt, so ist er besser in der Lage, mit anderen dann zusammenzuarbeiten, wenn die Zusammenarbeit gerechtfertigt ist. Wenn er sich selbst fragt, welcher Art das Zeichen ist, dem er begegnet, für welchen Zweck dieses Zeichen benützt wird und welche Evidenz für seine Wahrheit und Adäquatheit vorhanden ist, so verwandelt sich sein Verhalten von einer automatischen Antwortreaktion in ein kritisches und intelligentes Verhalten, bei dem er selbst als verantwortliches und spontanes Zentrum handelt.“

7. INTEGRATION DER SEMANTIK IN VERSCHIEDENEN GRAMMATIK- BZW. SPRACHTHEORETISCHEN ANSÄTZEN

Wie schon in den einleitenden Kapiteln unter dem weiteren semiotischen Aspekt dargelegt wurde, können semantische Fragestellungen – sollen sie einen gewissen Grad von theoretischer Adäquatheit haben – systematisch nur im Rahmen eines Grammatikmodells bzw. einer Sprachtheorie behandelt werden. Grundsätzlich ist daher zu fordern, daß Aussagen zu allgemeinen linguistisch-semantischen Problemen oder zu einzelsprachlich-semantischen Problemen innerhalb eines theoretischen Rahmens vorzutragen sind. Dieser theoretische Rahmen soll wenigstens so beschaffen sein, daß er wesentliche Bereiche einer Sprache – oder einer allgemeineren linguistischen Theorie – systematisch aufeinander bezieht (Syntax, Semantik, Pragmatik, Morphologie – Phonologie; Lexikon . . .).

Neuerdings wird im Kreise der generativ-semantisch orientierten Linguisten (McCawley, Lakoff u. a.) als allgemeines Postulat für jede Grammatik – die ja eine Theorie für einer Sprache ist – aufgestellt:

eine Grammatik muß beschreiben und erklären, wie bestimmte Lautketten (die je nach Sprache variieren) auf semantische Strukturen einer bestimmten Sprache abzubilden sind. Einfacher ausgedrückt: eine Grammatik muß angeben, welche Lautketten in einer Sprache zulässig sind und welche Bedeutungen diesen Lautketten systematisch zugeordnet sind.

Man vergleiche hierzu Bloomfields These, die – sieht man von behavioristischen Beimengungen ab, mit dem vorhergehenden Postulat grundsätzlich übereinstimmt:

„Linguistics, . . ., would consist of two main investigations: phonetics, in which we studied the speech-event without reference to its meaning, investigating only the sound-producing movements of the speaker, the sound-maves, and the action of the hearer's eardrum, and semantics, in which we studied the relation of these features to the features of meaning, showing that a certain type of speech-sound was uttered in certain types of situations and led the hearer to perform certain types of response." (Bloomfield, *Language*, p. 74).

Diese Position spiegelt sich in dem folgenden Diagramm wider:

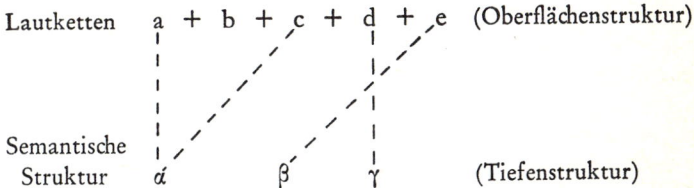

Der Bereich, der in dem extrem vereinfachten Diagramm durch gestrichelte Linien ausgedrückt ist, soll die transformationellen Beziehungen zwischen sogenannten semantischen Tiefenstrukturen und den „oberflächenstrukturellen" Lautketten, die, wie das Diagramm andeutet, nicht in einem 1:1-Abbildungsverhältnis zueinander stehen müssen, andeuten. In diesem Bereich sind konsequenterweise syntaktische Regularitäten bzw. Operationen, morphologische Regularitäten u. ä. unterzubringen.

Im folgenden werden zwei theoretische Ansätze zur Integration der Semantik in einem Grammatikmodell skizziert:

1. der Ansatz Stephen Ullmanns (1957, dt. 1967), der für den „klassischen" Strukturalismus als repräsentativ angesehen werden kann;
2. der generativ-semantische Ansatz George Lakoffs (1971), der für die generativ-transformationelle Grammatiktheorie heute als repräsentativ gelten kann.

Wegen der vielseitigen Kritik, die an der interpretativen Semantiktheorie von Katz / Fodor (vgl. 1963, 1966) in den letzten Jahren geübt wurde (vgl. z. B. McCawley 1971a, Kutschera 1971, 2.3.2.) wird hier auf Katz' Versuch der Integration einer semantischen Theorie als interpretative Komponente (bezogen auf die generative Syntaxkomponente der Chomsky-Version einer generativ-transformationellen Grammatik von 1965) nicht eingegangen.

Als weitere Motivation für die Nicht-Berücksichtigung des Katz-schen Ansatzes kann die von J. J. Katz (1971) vorgetragene Behauptung – die allerdings von McCawley (1971) bestritten wird – dienen, derzufolge die interpretativ-semantische Position und die generativ-semantische Position lediglich notationelle Varianten derselben Grammatiktheorie seien. Insgesamt ist festzustellen, daß eine einigermaßen definitive Einschätzung der hier nur angedeuteten Ansätze nur durch die faktisch vollzogene Beschreibung umfassenderer Gebiete mehrerer Sprachen ermöglicht wird; die gegenwärtige Diskussion (Chomsky (1971), Katz (1971), Lakoff (1971), McCawley (1971a)) ist m. E. zu sehr von fiktiven „Wenn-dann"-Spekulationen und terminologischen Äquivokationen belastet.

Abschließend wird versucht, eine integrierte Theorie der kommunikativen Kompetenz zu skizzieren, in der z. B. der generativ-semantische Ansatz G. Lakoffs als Teiltheorie seinen Platz finden könnte. Leitende Absicht bei der Konzeption dieses Schlußabschnitts ist es, eine Hypothese über das Verhältnis der schon in vorhergehenden Kapiteln teilweise diskutierten Begriffe wie „Kompetenz" / „Performanz" zu de Saussures Dreiteilung „faculté de langage" – „langue" – „parole" unter Einbeziehung der drei semiotischen Dimensionen aufzustellen.

7.1. Ullmanns „klassisch-strukturalistisches" Grammatikmodell

Ullmann stellt eine einzelsprachliche Theorie bzw. Grammatik als dreidimensionales Gebilde dar (vgl. Diagramm).

Die Dimensionen sind:

a) zeitbezogen (synchronisch / diachronisch);
b) bezogen auf die für jedes sprachliche Zeichen (und Kombination von Zeichen) kennzeichnende Dichotomie Form / Inhalt (entspricht Ullmanns waagerechter Achse Morphologie – Semantik);

c) bezogen auf Teilbereiche einer Sprachtheorie
(Phonologie, Lexikologie, Syntax)
(entspricht Ullmanns vertikaler Achse).

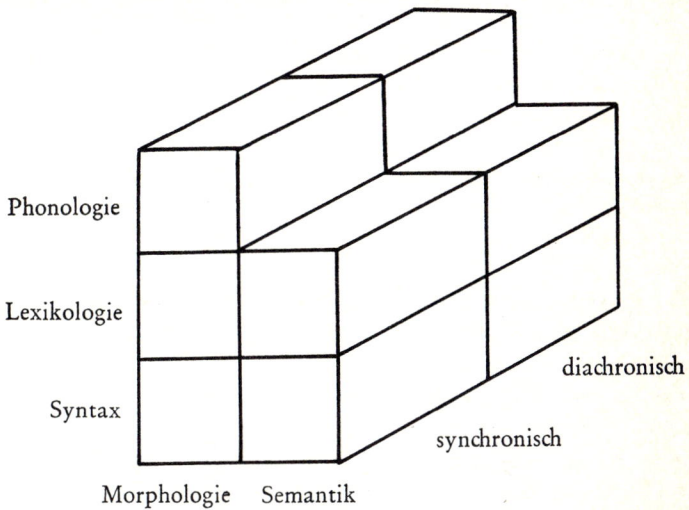

Phonologie

Lexikologie

Syntax

diachronisch

synchronisch

Morphologie   Semantik

Das Modell zeigt eine signifikante Asymmetrie bezüglich der Behandlung der Phonologie. Die Unterscheidung zwischen Form (Morphologie) und Bedeutung (Semantik) läßt sich – wie auch aus dem Diagramm ersichtlich – nicht auf den Bereich der Phonologie anwenden. Die Phoneme (Lauttypen) oder die distinktiven Merkmale, aus denen sich ein Phonem zusammensetzt, sind ja per definitionem keine sprachlichen Zeichen, sondern nur Bausteine für die materielle Seite von Zeichen; so wird z. B. das sprachliche Zeichen *Bach* durch die Phonemkette / b + a + x / repräsentiert; die einzelnen Phoneme haben *keine* Bedeutung; sie dienen lediglich dazu, die materielle Ausprägung sprachlicher Zeichen und damit mittelbar auch deren Bedeutung zu differenzieren, z. B. / l + a + x / vs. / b + a + x /.

Eine Symmetrie hingegen – bezogen auf den morphologischen und semantischen Aspekt sprachlicher Zeichen und Zeichenkombinationen – tritt auf der Ebene der *Lexikologie* auf. Die Lexikologie beschäftigt sich ganz allgemein mit der Form und Bedeutung von minimalen sprachlichen Zeichen, also mit linguistischen Einheiten, die nicht in weitere Zeichen aufgespalten werden können, z. B. Wortstämme wie *lach-*, verschiedenen Affixen: Präfix *ver-* in *verdrehen*; Suffixe *-keit, -chen* in *Einigkeit, Tischchen* etc.; die Lexikologie beschäftigt sich demnach auch mit den Resultaten von Wortbildungsprozessen (Derivation, Komposition), insofern Wortableitungen und Wortzusammensetzungen linguistische Einheiten sind, die wie morphologisch einfache Wörter in größeren sprachlichen Strukturen (Satz, Text) in bestimmte Positionen eingesetzt werden können.

Nun zu den beiden Abteilungen der Lexikologie: die lexikalische Morphologie beschäftigt sich mit den formal-materiellen Regularitäten sprachlicher Zeichen, also der Morpheme und Morphemkombinationen (soweit sie sich wie einfache Morpheme oder Wörter verhalten, siehe oben; also *nicht* mit den flexionellen Veränderungen von Wörtern, die zum Gebiet der syntaktischen Morphologie gehören). Aufgabe der lexikalischen Morphologie ist es z. B., die – je nach Sprache verschiedenen – kombinatorischen Möglichkeiten bei dem phonemischen Aufbau von Morphemen zu untersuchen; weiter hat sie Alternanzen im Aufbau der Morpheme zu untersuchen (z. B. engl. *divine – divinity*; afrz. *aim – amons*; dt. *singen – sang – gesungen*, etc.). Damit gehört es auch zum Gebiet der lexikalischen Morphologie, die formal-materiellen Regularitäten im Bereich der Wortbildung zu beschreiben, z. B. *lachen ~ lächeln; Einheit ~ Einigkeit* (die Frage, welche Affixe sich mit welchen Wortklassen verbinden etc.).

Die *lexikalische Semantik* untersucht entsprechend die Bedeutungen der Wörter. Die meisten Arbeiten, die bisher im Gebiet der linguistischen Semantik erschienen sind, beschäftigen sich mit der Wortsemantik; d. h. es werden Angaben gemacht, wie sich semantische Merkmale (sozusagen „semantische Atome") zur strukturierten Bedeutung eines Morphems, eines Worts zusammenfügen. Daneben werden in der Wortsemantik auch paradigmatische Beziehungen zwischen den Bedeutungen von Wörtern untersucht, die sich zu einem sogenannten „Wortfeld" zusammenfassen lassen (vgl. z. B. Jost Triers bekannte Studie: *Der deutsche Wortschatz im Sinnbe-*

zirk des Verstandes. Die Geschichte eines sprachlichen Feldes, I: Von den Anfängen bis zum Beginn des 13. Jahrhunderts (Heidelberg 1931)). Trier versuchte darin darzustellen, daß sich Wörter einer Sprache wie Einheiten eines geschlossenen lexikalischen Systems verhalten. Entsprechend der damals noch herrschenden sprachwissenschaftlichen Strömung, war Triers Arbeit historisch ausgerichtet (vgl. die diachronische Dimension in Ullmanns Modell). Trier illustrierte seine Auffassung mit Beispielen aus der Geschichte eines Teils des deutschen Wortschatzes. Er stellte dar, wie sich im Laufe von Jahrhunderten in Abhängigkeit von Veränderungen in der Auffassung bestimmter Erscheinungen der sozialen Ordnung, des Wissens und der Kultur Wortbedeutungen geändert haben; mit diesen Änderungen verbunden waren auch Änderungen in den paradigmatischen Beziehungen der Wörter zueinander. Trier stellte diese Probleme dar an der historischen Entwicklung der Beziehungen zwischen den Wörtern *wisheit, wizzen, kunst* und *list.*

Problematisch wird es mit Ullmanns Modell, wenn man – entsprechend wie im Bereich der morphologisch-lexikalischen Abteilung – versucht, auch die semantische Seite von Erscheinungen der Wortbildung (Ableitung, Zusammensetzung) in der Abteilung für lexikalische Semantik unterzubringen. Einerseits können Wortableitungen *(Schönheit, pinseln)* und Wortzusammensetzungen *(Zugbrücke, Rothaut, Kleingarten)* zweifellos als Wörter, also als Einheiten des Lexikons angesehen werden (insofern sie sich nämlich bei der Einsetzung in Satzstrukturen wie morphologisch einfache Wörter verhalten, wie diese flektiert werden). Andererseits weisen Wortableitungen und Wortzusammensetzungen in ihrer semantischen Struktur deutlich erkennbare Gemeinsamkeiten mit der semantischen Struktur von Sätzen auf (z. B. Verb-Objekt-Beziehung bei *Zugbrücke,* Prädikationsbeziehung zwischen Subjekt und prädikativem Adjektiv in *Kleingarten* etc.). Demnach könnte die semantische Seite von Ableitungen und Zusammensetzungen nicht eindeutig in der Abteilung für lexikalische Semantik behandelt werden, sondern müßte zum größeren Teil in der Abteilung für syntaktische Semantik abgehandelt werden. Zum anderen Teil würden aber Ableitungen und Zusammensetzungen durchaus in der Abteilung für lexikalische Semantik unterzubringen sein, insofern es das Phänomen gibt, daß Ableitungen und Zusammensetzungen oft als morphologisch komplexe sprachliche Zeichen semantische Modifikationen aufweisen, die sich aus ihrer syntaktisch-semantischen Struktur allein nicht erklären lassen (ein Beispiel, das in die historische Dimension hineinreicht: *Großvater* ≠ „großer Vater", hier tritt eine beträchtliche Modifikation der semantischen Struktur ein, bezogen auf die „normale" Interpretation der Zusammensetzung). Oder nehmen wir die sogenannte „nomen agentis"-Ableitungen etwa im Deutschen oder Englischen. Hier kann die Beobachtung gemacht werden, daß Ableitungen wie *Schleifer, Schreiber* etc. zwei semantische Interpretationen zulassen: 1. „jemand der schleift" (momentan), 2. „jemand der schreibt" (momentan) oder: 1'. „jemand der schleift (und zwar habituell, professionell)", 2'. „jemand der schreibt (aus Profession)".

Wie aus Ullmanns geometrisierendem Modell zu ersehen ist, ist der Bereich der Syntax ebenfalls in einen morphologischen und einen semantischen Aspekt aufzugliedern.

Die *syntaktische Morphologie* befaßt sich mit der morphologischen Organisation von Sätzen; sie stellt also diejenigen Regularitäten fest, nach denen sich Formen sprachlicher Zeichen zur Einheit des Satzes zusammenschließen. Aus der Sicht von Ullmann würde die gesamte syntaktische Komponente des Chomskyschen Grammatikmodells in den Bereich der syntaktischen Morphologie gehören, insofern Chomsky dort mittels Formations- und Transformationsregeln, teils abstrakte Klassen von Zeichen (Wortklassen *N, V,* etc.), teils einzelsprachlich bestimmte Elemente dieser Klassen (einzelne lexikalische Einheiten) zu syntaktisch-morphologisch organisierten Sätzen zusammenordnet.

Aus einer etwas traditionelleren Sicht – etwa derjenigen Ullmanns – sieht die Aufgabenstellung der syntaktischen Morphologie folgendermaßen aus: sie stellt die formale Seite derjenigen Formelemente in den Mittelpunkt ihrer Bemühungen, mit denen die Sprache Beziehungen anzeigt (Wortstellung, Flexion, Präpositionen, Konjunktionen).

Die *syntaktische Semantik* beschreibt dagegen die Bedeutungsseite dieser Formelemente (Flexion, Präpositionen etc.); d. h. ihrer Funktionen, mit denen Wortinhalte zu einem wohlstrukturierten

Satzsinn verbunden werden (vgl. hierzu etwa Fillmores Beitrag „The Case for Case" in Bach / Harms, *Universals in Linguistic Theory* 1968 und Brekle 1970).

Schließlich soll noch kurz auf die *zeitliche Dimension* in Ullmanns Modell eingegangen werden. Jede sprachliche Erscheinung (Phonologie, Lexikologie, Syntax (die beiden letzteren mit ihren morphologischen und semantischen Abteilungen)) kann vom synchronischen und vom diachronischen Standpunkt aus untersucht werden. Beim synchronischen Standpunkt interessiert die Frage, wie sprachliche Erscheinungen bzw. Teilbereiche einer Sprache zu einem bestimmten Zeitpunkt (besser: während eines bestimmten Zeitraums) sich zu einem synchronisch funktionierenden *System* einer Sprache zusammenschließen. Anders ausgedrückt: welche sprachlichen Regularitäten erfolgreich durchgeführten Kommunikationsakten eines Sprechers zugrunde liegen. Ein Mißverständnis gilt es zu vermeiden: eine synchronisch orientierte Sprachbeschreibung kann sich auf einen beliebigen Zeitpunkt in der Entwicklung einer Sprache beziehen. Obwohl die meisten synchronisch orientierten Arbeiten aus verständlichen methodischen Gründen sich mit gegenwärtigen Sprachzuständen befassen (das heutige Englisch, Deutsch etc.), ist es genau so legitim und notwendig, sich auch mit früheren Sprachstufen synchronisch zu beschäftigen (etwa: die frühneuenglische Syntax um 1500). Notwendig deshalb, weil eine diachronische („durch die Zeit hindurch" gehende) Arbeit über irgendwelche sprachlichen Phänomene stets einen Anfangszustand zu beschreiben hat, davon ausgehend, systematisch Veränderungen zu einem Endpunkt zu beschreiben hat (z. B. Entwicklung des Vokalsystems vom Altenglischen zum Mittelenglischen). Logisch-methodologisch gesehen ist also die Synchronie vorrangig gegenüber der Diachronie; letztere bedarf immer mehrerer (mindestens zwei) synchronischer Sprachzustände, um Veränderungen von $SZ_1 \rightarrow SZ_2$ (möglicherweise über Zwischenstufen $SZ_{12} \rightarrow SZ_{13} \ldots$) erfassen zu können.

Nach der Darstellung der Ullmannschen Position, die Einordnung der Semantik in ein sprachtheoretisches Modell betreffend, kommen wir jetzt zur Darstellung der Semantik innerhalb des generativ-transformationellen Grammatikmodells.

Vorweg sei auf einen wesentlichen Unterschied zwischen den

Konzeptionen Ullmanns auf der einen Seite und dem generativ-transformationellen Ansatz auf der anderen Seite aufmerksam gemacht. Ullmanns Modell ist grundsätzlich taxonomisch, d. h. klassifizierend angelegt. Es zeigt die quasi-geometrische Organisation einer Sprachtheorie in einzelne Abteilungen, ohne jedoch prozeßhafte Beziehungen zwischen den einzelnen Abteilungen zu etablieren. Ullmanns Modell sagt also nichts darüber aus, ob und wie Einheiten und Strukturen z. B. der lexikalischen Semantik überführt oder abgebildet werden im Bereich der syntaktischen Semantik, d. h. welche Rolle genau lexikalisch-semantische Einheiten im Bereich der syntaktischen Semantik bei der Etablierung eines Satzsinnes spielen. Das heißt nicht, daß Ullmanns Modell einfach „falsch" ist; es werden nur bestimmte Fragen nicht gestellt (und deshalb kann man auch keine Antworten erwarten). Daß Ullmanns Modell nicht einfach „falsch" ist, zeigt sich auch daran, daß in dem gleich zu besprechenden Ansatz zur Integration der Semantik in ein generativ-transformationelles Grammatikmodell die Mehrzahl der Ullmannschen Kategorien in der einen oder anderen Form wieder auftreten, allerdings nach anderen Gesichtspunkten organisiert.

7.2. Die Rolle der Semantik in einem generativ-transformationellen Grammatikmodell

In den letzten Jahren hat eine außerordentlich verwickelte, von vielen gegenseitigen Mißverständnissen getragene Diskussion über die Rolle oder den Status semantischer Repräsentationen innerhalb eines generativ-transformationellen Grammatikmodells stattgefunden. Es steht zu erwarten, daß diese Diskussion noch längere Zeit anhalten wird, obwohl mittlerweile – z. B. in Chomsky (1971) und G. Lakoff (1971) – gewisse Annäherungen bei strittigen Positionen festzustellen sind. Dabei handelt es sich zunächst ganz allgemein um die Frage, welche Art von Beziehungen zwischen syntaktischen und semantischen Strukturen innerhalb einer generativ-transformationellen Grammatik angenommen werden können.

Chomsky (1971) und Katz (1971) vertreten die Position einer in bezug auf semantische Repräsentationen *autonomen Syntax*, d. h. daß es für abstrakte syntaktisch motivierte Tiefenstrukturen Formationsregeln geben soll, deren Ableitungsergebnisse – die bekannten Phrasenstrukturen oder Stammbaumdiagramme – in einer *interpretativen* semantischen Komponente durch weitere Operationen – sog. „Projektionsregeln" – nach semantischen Gesichtspunkten interpretiert werden. Neuerdings wird nun von Chomsky (1971) und Katz (1971) versucht zu zeigen – mit m. E. ungewissem Erfolg – daß die grammatiktheoretischen Implikationen ihres Ansatzes mit denjenigen des anschließend skizzierten generativ-semantischen Ansatzes von G. Lakoff (1971) grundsätzlich identisch sind.

Im wesentlichen besteht die insbesondere von G. Lakoff und J. D. McCawley vertretene generativ-semantische Position in der Annahme, daß es aus empirischen und theoretischen Gründen nicht sinnvoll sei, innerhalb eines generativ-transformationellen Grammatikmodells eine rigide Trennung zwischen einer tiefenstrukturellen Syntaxkomponente und einer eigenen Semantikkomponente vorzunehmen. In dem hier diskutierten Ansatz ist es die Aufgabe von transformationellen Regeln oder – wie sie von Lakoff genannt werden – den Ableitungsbeschränkungen („derivational constraints") semantische Strukturen von Sätzen auf morphologisch und phonologisch spezifizierte Oberflächenstrukturen von Sätzen abzubilden, also allgemein die semantische Struktur eines Satzes mit seiner phonologischen Struktur zu korrelieren.

In seinem Beitrag „On generative semantics" (1971) macht Lakoff jedoch kaum explizite Angaben darüber, aufgrund welcher Formationsregeln Repräsentationen von semantischen Strukturen entstehen können, jedoch darf aus seinen und McCawleys sonstigen Arbeiten geschlossen werden, daß semantische Strukturen von Sätzen mit den formalen Mitteln eines modifizierten Prädikatenkalküls erzeugt werden können. Die Abbildung entsprechender prädikatenlogischer Ausdrücke auf Phrasenstrukturen („Stammbäume") wird von McCawley (1971) angedeutet.

So ist z. B. der strukturelle Zusammenhang folgender Ausdrücke bzw. Konstruktionen deutlich. Bei Nichtberücksichtigung der Kategorien Tempus und Quantifikation kann die semantische Struktur des Satzes

(1) The man saw the woman

wiedergegeben werden als

(2) see $(x_1, x_2) \wedge$ Man $(x_1) \wedge$ Woman (x_2)

oder als
(3)

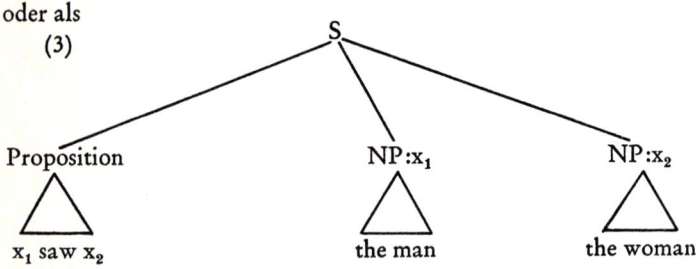

In beiden Fällen, (2) und (3), wird ein Satz aufgespalten in eine Proposition (x_1 saw x_2) und eine Anzahl von Nominalphrasen (NP:x_1, NP:x_2 ...), die das semantische Material für die Ausfüllung der in der Proposition durch x_1 und x_2 gekennzeichneten Argumentstellen liefern. (Vgl. weitere Erläuterungen und Beispiele in McCawley (1971) 224 ff.)

Ein etwas von McCawley (1971) verschiedener aber m. E. kompatibler Ansatz zur Repräsentation satzsemantischer Strukturen findet sich in Brekle (1970), Kap. 4. Dort wird innerhalb eines generativ-transformationellen Grammatikmodells, das für die Erzeugung semantischer Strukturen von englischen Nominalkomposita aufgestellt wurde, eine satzsemantische Komponente postuliert, die aus drei aufeinander aufbauenden Subkomponenten besteht: a) einem Symbol- oder Kategorieninventar, in dem die satzsemantische Strukturen konstituierenden Kategorien enthalten sind; damit verbunden, b) eine Menge von Formationsregeln, die aus dem Inventar primitive satzsemantische Strukturen erzeugen, die Satzbegriffe, d. h. modalitäten- und quantifikationsfreie Satzfunktionen ableiten; und c) einer Menge von Topikalisierungsregeln. Die letzteren Regeln bestimmen die sekundären semantischen Strukturen sprachlicher Ausdrücke, die sich aus den verschiedenen Wahlmöglichkeiten für Satzgegenstand (= „topic") und Satzaussage (= „comment") ergeben.

Die Hereinnahme von Topikalisierungsregeln (verbunden mit Präsuppositionsbeziehungen) in den Bereich semantischer Repräsentationen findet sich auch bei Lakoff (1971). Hier trifft sich Lakoff auch mit den Bemühungen der Prager linguistischen Richtung, die seit Jahrzehnten unter der Bezeichnung *funktionelle Satzperspektive* Erscheinungen im topic-comment-Bereich untersuchen (vgl. z. B. *Travaux linguistiques de Prague* (1964 ff.)). Lakoff (1971) 236 gibt als einfache Beispiele für das topic-comment-Verhältnis die Sätze

(4) John, Mary hates him   und
(5) Mary, she hates John

In (4) ist *John* das „topic", über das ausgesagt wird der „comment" *Mary hates him*. In (5) ist *Mary* „topic" und *she hates John* „comment". Die neutrale primäre semantische Struktur *Mary hates John* (= hate (Mary, John)) ist in (4) und (3) dieselbe.

Nach Lakoff (1971) 232 ff. ist es die Aufgabe von Transformationsregeln oder verschiedener Arten von Ableitungsbeschränkungen Phrasenstrukturen wie (3) in entsprechende Oberflächenstrukturen, die phonologisch zu spezifizieren sind, überzuführen. Etwas vereinfacht dargestellt gelten für solche Transformations- oder Ableitungsbeschränkungen folgende Bedingungen:

Jede Transformation definiert eine Klasse aufeinanderfolgender Paare von Phrasenstrukturen, P_i und P_{i+1}. Solche Transformationen oder Wohlgeformtheitsbeschränkungen aufeinanderfolgender Phrasenstrukturen, P_i und P_{i+1}, definieren ihrerseits in ihrer Gesamtheit eine offene Klasse K von finiten Sequenzen von Phrasenstrukturen; jede solche Sequenz $P_1 \ldots P_n$ unterliegt den Bedingungen
a) P_n ist eine Oberflächenstruktur

b) jedes Paar P_i, P_{i+1} genügt den durch bestimmte Transformationen festgelegten Wohlgeformtheitsbeschränkungen.

Eine lexikalische Transformation ist ein spezieller Fall einer Wohlgeformtheitsbedingung über Klassen von aufeinanderfolgender Phrasenstrukturen P_i und P_{i+1}. Hierbei sind P_i und P_{i+1} identisch, außer daß P_i eine untergeordnete Phrasenstruktur Q enthält, an deren Stelle P_{i+1} eine bestimmte lexikalische Einheit enthält. Postal (1970) diskutiert den Fall lexikalischer Transformationen ausführlich am Beispiel des englischen Verbs *remind*. Dieses Verb hat drei wohlunterschiedene Bedeutungen: „strike as similar", „cause to remember" und „make think of". Postal diskutiert nur die erste Bedeutung. Dabei werden weitreichende Regularitäten gezeigt, die sich mit der Überführung der als untergeordnete Phrasenstruktur darstellbaren Kombination „strike as similar" in das „Oberflächenverb" *remind* verbinden. „Strike as similar" würde der Phrasenstruktur Q in P_i und *remind* der lexikalischen Einheit in P_{i+1} entsprechen.

In seinem Beitrag „On generative semantics" (1971), der die demnächst erscheinende Monographie Lakoffs *Generative semantics* vorbereitet, diskutiert Lakoff eine Anzahl von alternativen Lösungsmöglichkeiten der Strukturierung einer generativ-transformationellen Grammatik. Hierbei setzt er sich mit reichem Beispielmaterial mit der teilweise anders gerichteten Theorie Chomskys, die dieser in seinem ebenfalls 1971 erschienenen Beitrag „Deep structure, surface structure, and semantic interpretation" skizziert, auseinander. (Vgl. auch die deutsche Übersetzung von Lakoff (1970) Linguistics and Natural Logic, Ann Arbor hrsg. von W. Abraham: Linguistik und natürliche Logik (1971, Frankfurt)).

Aufgrund der, insgesamt gesehen, bisher noch geringen empirischen Anwendung der einen oder anderen Version einer generativ-transformationellen Grammatik auf semantische Strukturen natürlicher Sprachen erscheint es nicht sinnvoll, in einer Einführung in linguistisch-semantische Probleme weitere – zum großen Teil noch spekulative – Überlegungen hier zu referieren.

Nachdem in den Abschnitten 7.1. und 7.2. zwei theoretische Ansätze skizziert wurden, die die Einbeziehung der Semantik in ein Grammatikmodell zeigen, soll in diesem Abschnitt weiter ausgreifend die Position der Semantik – zusammen mit den Dimensionen Syntax und Pragmatik – im Rahmen einer Theorie der kommunikativen Kompetenz angedeutet werden.

Im Abschnitt 4.1.3. wurde schon auf den Zusammenhang von de Saussures *langue-parole*-Dichotomie mit Chomskys *Kompetenz-Performanz*-Unterscheidung hingewiesen. Hier soll versucht werden, diesen Zusammenhang weiter zu klären. Dabei sollen auch de Saussures Begriff der „faculté de language" (= allgemeines Sprachvermögen) und die schon diskutierten drei semiotischen Dimensionen mit in die Betrachtung einbezogen werden.

Meine These, die im folgenden erläutert werden soll, ist, daß, ausgehend von de Saussures Dreiteilung „faculté de langage – langue – parole" über diesen Aspekten menschlicher Sprache linguistische Teiltheorien zu errichten sind. Diese Teiltheorien bilden zusammen eine integrierte linguistische Theorie mit dem Ziel, einmal den Zusammenhang dieser drei Aspekte zu erklären, zum anderen damit die Bedingungen für das Zustandekommen aktualer Sprechakte aufzustellen. Zusammengenommen bilden die Teiltheorien über den Aspekten „faculté de langage" – „langue" – „parole" eine Theorie der kommunikativen Kompetenz von Sprechern einer natürlichen Sprache. Es ist hier schon erkennbar, daß der Chomskysche Kompetenzbegriff weiter gefaßt wird, insofern nämlich eine Theorie über die Bedingungen einzelner Sprachäußerungen oder Sprechakte bzw. die damit verbundene Teilkompetenz mit in den Gesamtbereich der kommunikativen Kompetenz aufgenommen wird. Mit anderen Worten, es wird hier eine Kompetenz über Redeakte (*parole*) postuliert, die auch Performanzkompetenz genannt werden kann.

Die Erklärungsziele der im folgenden skizzierten Teilbereiche einer Theorie der kommunikativen Kompetenz sind:

a) Beschreibung der Konstituenten eines allgemeinen Sprachvermögens (*faculté de langage*),
b) Beschreibung der Konstituenten eines einzelsprachlichen Systems (*langue*) und
c) Beschreibung der Konstituenten einer einzelsprachlichen Performanzkompetenz (Theorie der *parole*).

Wie aus dem nachfolgenden Diagramm weiter ersichtlich ist, wird es für eine zureichende Beschreibung der Bereiche der genannten Teiltheorien als notwendig angesehen, jeweils syntaktische, semantische und pragmatische Fragestellungen – die jeweils im Ausmaß verschieden relevant sein können – einzubeziehen. Hierbei wird aber die Frage offen gelassen, ob und in welcher Weise innerhalb der jeweiligen Komponente die drei semiotischen Dimensionen im Rahmen eines generativen Modells in ihren Zusammenhängen bzw. Abhängigkeiten beschrieben werden können. Fragen dieser Art wären von Theorien mit geringerer Reichweite als der hier anvisierten Gesamttheorie einer kommunikativen Kompetenz im einzelnen zu klären. (Vgl. z. B. Ross (1970) für einen Ansatz zur Integration pragmatischer Kategorien wie die Unterscheidung zwischen konstatierenden und performativen Sätzen in eine generativ-transformationelle Grammatik).

Theorie der kommunikativen Kompetenz

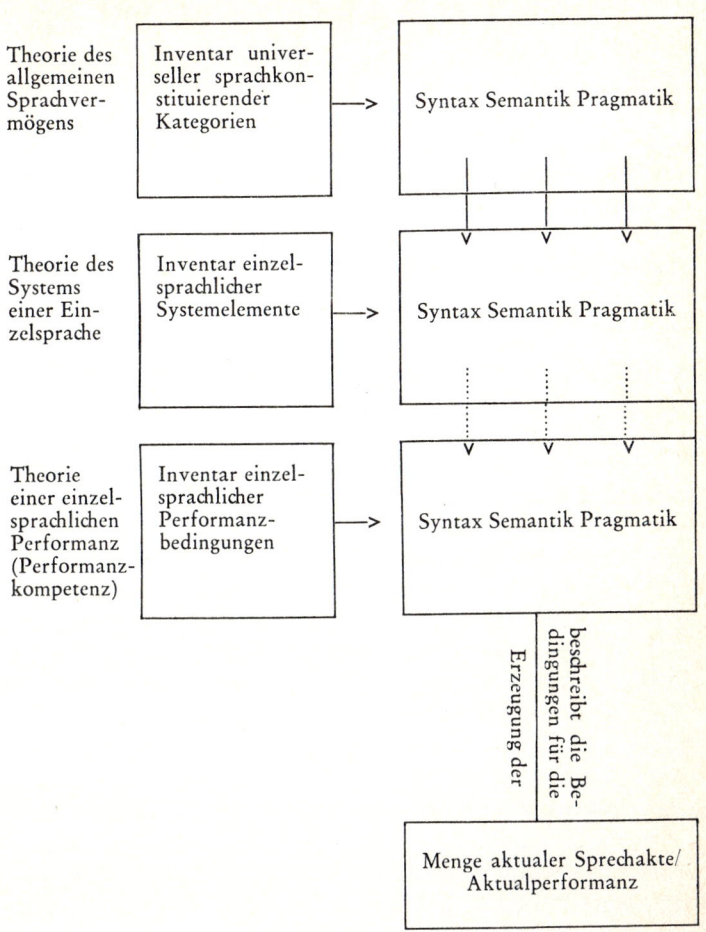

Theorie des allgemeinen Sprachvermögens	Inventar universeller sprachkonstituierender Kategorien	→	Syntax Semantik Pragmatik
Theorie des Systems einer Einzelsprache	Inventar einzelsprachlicher Systemelemente	→	Syntax Semantik Pragmatik
Theorie einer einzelsprachlichen Performanz (Performanzkompetenz)	Inventar einzelsprachlicher Performanzbedingungen	→	Syntax Semantik Pragmatik

beschreibt die Bedingungen für die

Erzeugung der

Menge aktualer Sprechakte/ Aktualperformanz

Die folgenden Bemerkungen zu dem vorhergehenden Schema können keinerlei Anspruch auf Vollständigkeit oder auf restlose theoretische Durchdringung des in Rede stehenden Gesamtbereichs der menschlichen Sprache erheben. Die Absicht dabei ist vielmehr, das in den einleitenden Bemerkungen zu diesem Abschnitt schon angesprochene Verhältnis zwischen „Kompetenz", „Performanz" und de Saussures Trichotomie unter Einbeziehung der drei semiotischen Dimensionen näherungsweise zu erklären.

7.3.1. Theorie des allgemeinen Sprachvermögens

Die Annahme einer Teiltheorie der kommunikativen Kompetenz als derjenigen eines allgemeinen Sprachvermögens ist keineswegs neu. Mehr oder weniger explizit wurde und wird diese Hypothese in der Sprachphilosophie immer wieder aufgestellt. Als einer der Gründe soll hier lediglich die Tatsache angeführt werden, daß unter entsprechenden Sozialisationsbedingungen jedes Kind jede Sprache lernen kann – für den Erwachsenen gilt dies nur mit bestimmten entwicklungspsychologisch bedingten Einschränkungen. Damit wird jedoch zu der Frage, ob oder in welchem Ausmaß dieses allgemeine Sprachvermögen angeboren, d. h. genetisch fixiert ist, nicht Stellung genommen. (Vgl. Kutscheras Diskussion dieser Frage in UTB 80 (1971), 111-116).

Unabhängig von dieser Frage wird mit der Annahme eines allgemeinen Sprachvermögens jedoch das Problem der linguistischen Universalien als grundsätzlich positiv lösbar angesehen. Mit anderen Worten, das allgemeine menschliche Sprachvermögen muß genau die erkenntnistheoretisch, anthropologisch etc. zu motivierenden sprachlichen Universalkategorien umfassen. (Vgl. z. B. Greenberg, ed. (1963), Chomsky (1965), I., § 5., Bach / Harms, eds. (1968)).

Auf die insbesondere von Chomsky 1965 angesprochene Unterscheidung zwischen formalen und substantiellen linguistischen Universalien soll hier nicht weiter eingegangen werden. Wie die folgende Diskussion zeigt, kann diese Unterscheidung durchaus jeweils innerhalb der drei semiotischen Dimensionen vollzogen werden.

Folgt man unserem Schema, so ist zu fragen, welche Aspekte des *allgemeinen Sprachvermögens* auf die hier als relevant angenommenen drei semiotischen Dimensionen entfallen.

Syntax: Entsprechend dem weiteren Syntaxbegriff, wie er in der Semiotik üblich ist, werden hier die im engeren linguistisch-theoretischen Sinne als *Syntax, Morphologie* und *Phonologie* bekannten Komponenten einer Grammatik bzw. einer Sprachtheorie zusammen diskutiert.

Schon die Unterscheidung der drei genannten Komponenten – Syntax, Morphologie, Phonologie – als Teilbereiche einer Grammatik, wie sie in der einen oder anderen Ausprägung sich in jeder einigermaßen vollständigen Sprachbeschreibung finden, drängt die Vermutung auf, daß es sich dabei um Elemente einer Theorie des allgemeinen Sprachvermögens handeln könnte. Akzeptiert man diese Vermutung als Hypothese, so wären damit drei formale Universalien gewonnen, die für die Beschreibung der syntaktischen Komponente des allgemeinen Sprachvermögens als relevant gelten sollen. Diese Hypothese läßt sich sowohl durch apriorische als auch durch induktiv gewonnene Argumente stützen.

Ein apriorisches Argument für die Wohlgeschiedenheit der drei Ebenen Syntax, Morphologie und Phonologie als Komponenten einer Teiltheorie des allgemeinen Sprachvermögens läßt sich aus der allgemeinen apperzeptiven und perzeptiven Struktur des menschlichen Denk- und Wahrnehmungsvermögens ableiten: die mentalen Kapazitäten des Menschen scheinen so beschaffen zu sein, daß er, um Wahrgenommenes oder Vorgestelltes sprachlich auszudrücken, über ein überschaubares, finites Inventar von sprachlichen „Bausteinen" plus einer finiten Menge von Kombinationsregeln für diese Bausteine verfügen muß. Als Minimalbausteine können Phoneme oder diese konstituierende distinktive phonetische Merkmale angesehen werden; als Bausteine zweiter Ordnung können Morpheme, d. h. minimale sprachliche Zeichen angesehen werden, die ihrerseits wieder das Material für höhere sprachliche Einheiten wie Sätze und Texte abgeben. Innerhalb der Arten der verschiedenen sprachlichen Bausteine ergeben sich nach dem paradigmatischen Ordnungsprinzip verschiedene Klassen (z. B. Phonemklassen oder Klassen verschiedener Morpheme, z. B. frei, gebunden; Flexions- und Derivationsmorpheme etc.). Diese Organisation der Syntax im semiotischen Sinn weist gewisse Korrespondenzen in der semantischen Dimension auf.

Auf induktivem Wege zeigen alle bisherigen Versuche Strukturen natürlicher Sprachen zu beschreiben, daß der phonologische Bereich einer Sprache nach der einen oder anderen Methode so oder so systematisch erfaßt werden kann; davon abgehoben, aber durch regelhafte Beziehungen mit der Phonologie verbunden, kann für jede Sprache ein Morpheminventar, das in sich vielfältig gegliedert ist, aufgestellt werden. Schließlich lassen sich in jeder bisher auch nur annähernd erforschten Sprache Strukturen nachweisen, die syntagmatische und paradigmatische Regularitäten in bezug auf das Vorkommen von bestimmten Morphemklassen aufweisen. Diese Strukturen können z. B. Sätze der betreffenden Sprache sein.

(Vgl. hierzu Greenberg, ed. (1963), Chomsky (1965), Bach / Harms, eds. (1968)).

Semantik: In den bisherigen Versuchen, Konstituenten oder Kategorien der semantischen Komponente des allgemeinen Sprachvermögens aufzustellen (vgl. z. B. Weinreich (1963) und Ullmann (1963)), wurde in Übereinstimmung mit dem geltenden linguistischen Sprachgebrauch keine strenge Trennung zwischen im engeren semiotischen Sinne semantischen bzw. pragmatischen Gesichtspunkten durchgeführt. (Vgl. hierzu das oben im 6. Kapitel Gesagte.)

Versucht man nun eine solche Trennung vorzunehmen, ergeben sich für den universell-semantischen Bereich folgende Aussagen.

Für die Beschreibung jeder menschlichen Sprache kann ein grundsätzlich finites Inventar von Minimalzeichen mit ihren jeweiligen semantischen Strukturkomplexen angenommen werden. Korrespondierend mit der oben schon genannten morphosyntaktischen Kombinierbarkeit von Morphemen zu Sätzen ergibt sich im semantischen Bereich die Hypothese, daß jede Sprache über relationale Kategorien verfügen muß, um die Inhaltskomplexe minimaler sprachlicher Zeichen zu höheren semantischen Verbänden, zu Satz- oder Textinhalten zu verknüpfen.

Als semantische Universalien für die Strukturierung des Zeicheninventars oder Lexikons einer Sprache können Kategorien wie *Gegenstand, Zustand, Prozeß, Ereignis* etc. angenommen werden.

Aus apriorischen Gründen kann weiterhin die Hypothese aufgestellt werden, daß jede Sprache in ihrer semantischen Dimension über *Quantifikatoren* verfügen muß. Die Funktion solcher Einheiten ist es – wobei man schon auf der Grenze zur Pragmatik steht – bestimmte oder unbestimmte Gegenstände oder Mengen von Gegenständen zu identifizieren. Dies geschieht formal mit Einheiten wie Artikel, Pronomina und Numeralia. Weinreich vermutet hierzu, daß vielleicht alle Sprachen unterscheiden zwischen – wie er es terminologisch von Quine 1960 übernimmt – „divided" und „undivided reference". Dies betrifft den Unterschied zwischen der Quantifizierung von Substantiven entweder in der Form „etwas, ein wenig, viel Mehl" bzw. „ein, der Mann; viele Männer".

Quantifikation gibt es jedoch nicht nur im Gegenstandsbereich; Sprachen haben durch verschiedene morphosyntaktische Mittel die Möglichkeit, auch im Eigenschafts- und Prozeßbereich zu quantifizieren (vgl. Steigerung, bestimmte Adverbfunktionen oder Aktionsartphänomene im Verbbereich).

Pragmatik: In diese Komponente fällt jener Bereich, den Habermas in seinen *Vorbereitenden Bemerkungen zu einer Theorie der kommunikativen Kompetenz* (1971) „Universalpragmatik" nennt. Hierbei ist gleich zu betonen, daß Habermas' Begriff der kommunikativen Kompetenz in Abgrenzung von Chomskys engerem linguistischen Kompetenzbegriff allgemeine Strukturen möglicher Redesituationen zum Gegenstand hat, bzw. daß es „Aufgabe dieser Theorie ist, die Nachkonstruktion des Regelsystems, nach dem wir Situationen möglicher Rede überhaupt hervorbringen oder generieren" (Habermas 1971, 102) zu gewährleisten.

Im Gegensatz zu dem hier vorgetragenen Ansatz, der das allgemeine Sprachvermögen, die Kompetenz über ein einzelsprachliches System und die mit letzterem verbundene Performanzkompetenz zur kommunikativen Kompetenz zählt, betrifft Habermas' kommunikative Kompetenz nur den Bereich der pragmatischen Universalien als Kategorien für die Beschreibung der allgemeinen Bedingungen der Strukturen von Redesituationen, also genau das, was hier mit der pragmatischen Dimension des allgemeinen Sprachvermögens umrissen werden soll. Bei dem bisher relativ geringen Grad an theoretischer Durchdringung wie auch empirischer Ausfüllung einer Theorie pragmatischer Universalien erscheint eine Diskussion über die eine oder andere Art der Einbettung dieses Bereichs der Pragmatik in eine integrierte Sprachtheorie heute relativ belanglos.

Im Unterschied zur Semantik als Komponente der Theorie eines allgemeinen Sprachvermögens, in der z. B. redesituationsunabhängige relationale Kategorien zur Beschreibung von Satzinhalten oder „Propositionen" zu untersuchen sind, werden in der Universalpragmatik die allgemeinen Bedingungen für die Konstitution von Sprechakten untersucht (vgl. Austin (1962) und Searle (1969)). Sprechakte werden vollzogen, indem ein Sprecher Behauptungen, Befehle, Fragen äußert, indem er antwortet, etwas verspricht, etc. In einem Sprechakt werden diejenigen Bedingungen erfüllt, die notwendig sind, damit ein Satz, eine Proposition als sprachliche Äußerung oder als Teile einer solchen verwendet werden kann. Etwas konkreter heißt dies: Sprechakte bestehen zum einen aus einer performativen Konstituente, die den Hörer eine sprachliche Äußerung als Behauptung, Frage, Versprechen etc. auffassen läßt – damit wird der Modus der Kommunikation zwischen dem Sprecher und Hörer hergestellt – zum anderen gehört zu einem Sprechakt ein von der performativen Konstituente abhängiger Satz bzw. Proposition.

Vgl. das folgende aus Ross (1970, 224) entnommene Stammbaumdiagramm (leicht adaptiert):

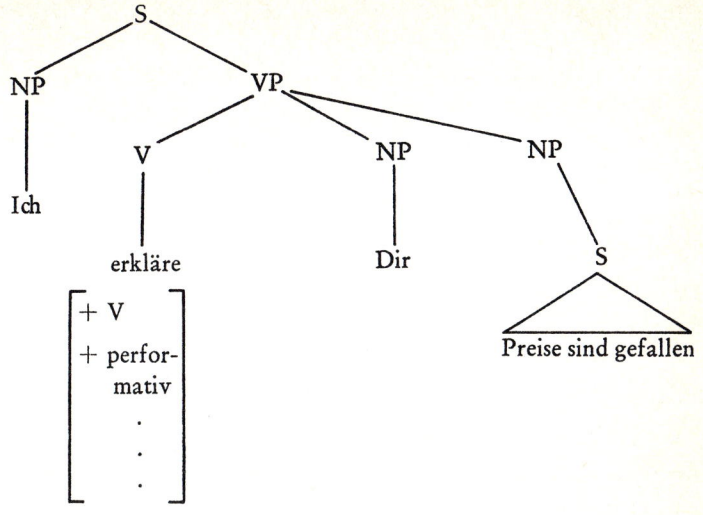

Die performative Konstituente dieses wenigstens teilweise einen Sprechakt beschreibenden Diagramms besteht aus der übergeordneten Struktur *Ich erkläre Dir*. Dies ist die Ebene der Intersubjektivität, auf der Sprecher (*Ich*) und Hörer (*Du*) *miteinander* sprechen; hier sind die Modi der Kommunikation anzusiedeln (*erklären, fragen, befehlen, versprechen* etc.). Der untergeordnete Satz *Preise sind gefallen* steht auf der Ebene der Sachverhalte, *über* die sich Sprecher und Hörer verständigen. Als pragmatisches Universale für das Zustandekommen eines erfolgreichen Sprechakts kann die Bedingung gelten, daß in einer sprachlichen Äußerung beide Ebenen – Kommunikationsmodus *und* Sachverhalt – ausgefüllt sein müssen.

In der universellen Pragmatik ergibt sich ein weites Feld für im einzelnen bisher kaum systematisierte Hypothesen über Kategorien und Strukturen, die für diesen Bereich als relevant gelten können. Es sei hier Wunderlichs Katalog von grammatikalisierten Einheiten angeführt (leicht verändert), die sich auf allgemeine Strukturen der Sprechsituationen beziehen (Wunderlich (1970a), auch zitiert in Habermas (1971, 109):

1. Personalpronomina, die performatorische und deiktische Funktion haben; *ich, der, er* . . .
2. Worte und Wendungen, die zur Redeeröffnung und zur Anrede gebraucht werden (Grammatikalisierung: Vokativ, Honorativ)
3. deiktische Ausdrücke (des Raumes, der Zeit); Demonstrativa, Artikel, Zahlwörter . . . Tempusformen, Adverbien: *hier, jetzt* . . .
4. performatorische Verben; *behaupten, erklären, fragen, befehlen, versprechen* . . .
5. nicht performativ zu verwendende intentionale Verben, Modaladverbien; *glauben, wissen; notwendigerweise* . . .

Weiterhin können zur Pragmatik als Dimension des allgemeinen Sprachvermögens gerechnet werden Kategorien, die die Möglichkeit der Bezugnahme von Sprecher und Hörer auf ihre sozialen Rollen und auf Handlungskontexte erfassen. (Vgl. weiter Wunderlich, „Die Rolle der Pragmatik in der Linguistik" (1970a), Habermas (1971, 110 ff.) und Searle (1969)).

7.3.2. Theorie des Systems einer Einzelsprache

Die im oben gegebenen Diagramm der Theorie der kommunikativen Kompetenz angedeuteten Übergänge von der Theorie des allgemeinen Sprachvermögens zur Theorie des Systems einer Einzelsprache können so verstanden werden, daß die in der übergeordneten Theorie enthaltenen Komponenten Syntax, Semantik, Pragmatik mit ihren als universell geltenden Kategorien und Regularitäten die Struktur einer einzelsprachlichen Theorie bzw. einer solchen Teilkompetenz determinieren. Die substantielle Ausdifferenzierung einer einzelsprachlichen Theorie ergibt sich aus den tatsächlich beobachtbaren bzw. zu erschließenden systemhaften Regularitäten, die ein einzelsprachliches System zu einer Charakterisierung einer bestimmten Sprache machen, die von einer Gesellschaft innerhalb eines bestimmten Zeitraumes als ihr Kommunikationsinstrument verwendet wird.

Auf eine Diskussion der einzelnen semiotischen Dimensionen eines einzelsprachlichen Systems kann an dieser Stelle verzichtet werden; jede einzelsprachliche Grammatik, die Vollständigkeit wenigstens anstrebt, informiert über die von Sprache zu Sprache sehr verschiedenen Ausprägungen der einzelnen Dimensionen. Es braucht hier kaum betont zu werden, daß insbesondere für die Pragmatik heute noch keine einigermaßen geschlossene systematische einzelsprachliche Beschreibung vorliegt. Gerade in dieser Dimension spielen jedoch Interrelationen zwischen Gesellschaftsstruktur und Kultur auf der einen Seite und sprachlichen Formen auf der anderen eine ganz wesentliche Rolle. Vgl. hierzu Habermas (1971, 112 f.), wo eine besondere Klasse von Sprechakten als nicht zu den pragmatischen Universalien gehörig betrachtet wird; vielmehr handelt es sich hier um Sprechakttypen, die den Vollzug von in einer Kultur institutionell oder durch soziale Normen geregelten Handlungen repräsentieren. Beispiele sind übergeordnete Sätze mit Verben wie: *begrüßen, beglückwünschen, danken* ...; *taufen, verfluchen, bekanntmachen, ernennen, verurteilen, freisprechen* ... Im Gegensatz zu den im Abschnitt 7.3.1. unter *Pragmatik* genannten dialog-konstituierenden Universalien setzen Sprechakte mit Verben der ebengenannten Arten soziale Normen oder Institutionen voraus. Diese institutionellen Sprechakte verlangen – hier ist Habermas zu korrigieren – nicht in jedem Fall – wie es bei dialogkonstituierenden Performativa (*erklären, fragen* ...) notwendigerweise der Fall ist – abhängige Sätze oder Propositionen; man vergleiche: *ich begrüße Dich* vs. *Ich mache Dir bekannt, daß* ... Insgesamt müssen institutionell determinierte Typen von Sprechakten innerhalb der pragmatischen Komponente eines einzelsprachlichen Systems beschrieben werden, da sie trivialerweise von sozialen / kulturellen Normen, wie sie in einer bestimmten Sprachgemeinschaft gültig sind, abhängen.

7.3.3. Theorie der einzelsprachlichen Performanz

In den letzten Jahren ist in verschiedenen Veröffentlichungen (vgl. z. B. Wunderlich (1970a) „Die Rolle der Pragmatik in der Linguistik"; Searle (1969)) deutlich geworden, daß der Chomskysche engere linguistische Kompetenzbegriff, der sich auf die Sprachsystemebene bezieht, in einem kommunikativen Sprachmodell durch eine Theorie der sprachlichen Performanz ergänzt werden muß, mit der die zweifellos vorhandenen Regularitäten beim aktualen Sprachgebrauch zu erklären sind.

Im folgenden wird versucht – wenigstens andeutungsweise – zu zeigen, in welcher Weise eine Theorie der einzelsprachlichen Performanz mit der Theorie eines einzelsprachlichen Systems zusammenhängt und welche Phänomene von aktualisierten Redeakten in den drei semiotischen Dimensionen einer einzelsprachlichen Performanzkompetenz möglicherweise beschrieben werden können.

Vom Standpunkt der einzelsprachlichen Kompetenz eines Sprechers oder Hörers ist der Übergang von der Systemkompetenz zur einzelsprachlichen Performanzkompetenz gekennzeichnet durch eine Menge von Auswahlmöglichkeiten und Restriktionen, über die beim heutigen Stand der linguistischen Forschung sicher nichts Definitives ausgesagt werden kann. Sicher erscheint nur, daß nicht alle in einem einzelsprachlichen System gegebenen Möglichkeiten von einem Sprecher oder Hörer in seiner jeweiligen Aktualperformanz, d. h. dem Hervorbringen oder Verstehen von Mengen von Sprechakten verwirklicht werden können. Sie brauchen auch im Einzelfall nicht verwirklicht zu werden, da z. B. ein Sprecher beim Hervorbringen von Sprechakten ständig – bewußt oder unbewußt – verbale Planungsstrategien anwendet, um in einer bestimmten Kommunikationssituation einen jeweils optimalen Kommunikationserfolg zu erzielen. Solche verbalen Planungsstrategien mögen einem Sprecher z. B. nahe legen, möglichst einfache syntaktische Strukturen zu verwenden, nur gewisse leicht durchschaubare semantische Grundstrukturen seinen Äußerungen zugrundezulegen und in der pragmatischen Dimension seiner Sprechakte möglichst ausführlich situationelle Momente zu berücksichtigen.

Damit ist schon angedeutet, welche Faktoren in der jeweiligen semiotischen Dimension innerhalb einer einzelsprachlichen Performanztheorie relevant sein können. Wie die nachfolgende Aufzählung weiterer Faktoren zeigen wird, ist zu erwarten, daß in einer Performanztheorie die pragmatische Dimension – verglichen mit den anderen beiden Dimensionen – den umfangreichsten und differenziertesten Teil ausmachen wird. Weiterhin ist anzunehmen, daß

die Auswahl- und Restriktionsprozesse, die für den Übergang von
der einzelsprachlichen Systemkompetenz zur einzelsprachlichen Performanzkompetenz anzunehmen sind, grundsätzlich von in wei-
terem Sinne pragmatischen oder sozial- und individualpsychologi-
schen Bedingungen gesteuert werden.

In der *syntaktischen* Dimension einer einzelsprachlichen Perfor-
manzkompetenz wären folgende Erscheinungen zu beschreiben – sei
es bezogen auf Gruppen von Sprechern / Hörern, sei es bezogen auf
Sprecher / Hörer-Individuen: Art und Anzahl der in bestimmten
Satzstrukturen möglichen Satzeinbettungen, Nominalisierungen
etc. (es sei hier in Erinnerung gerufen, daß derartige syntaktische
Operationen von der Systemkompetenz eines idealen Sprechers /
Hörers her gesehen, grundsätzlich beliebig wiederholbar sind).

Hier wären weiter zu nennen in aktualen Sprechakten oft vor-
kommende unterbrochene oder verkürzte Sätze, mangelhafte syntaktische Kongruenz zwischen Satzkonstituenten und dergleichen.
Solchen Erscheinungen liegen allgemeinere Schwächen der Performanzkompetenz eines Sprechers oder momentan wirkende Stör-
faktoren der verschiedensten Art zugrunde, deren Erforschung wesentlich eine Aufgabe der Psycholinguistik darstellt.

In der *semantischen* Dimension einer einzelsprachlichen Performanzkompetenz sind z. B. kontextbezogene und situationelle Ein-
flüsse zu untersuchen, die zur Vereindeutigung von lexikalischen
Elementen oder auch komplexerer Strukturen von sprachlichen
Äußerungen beitragen. Möglicherweise wären in diesem Bereich
der Performanzkompetenz auch rhetorisch-stilistische Phänomene
(Metaphorik, Hyper- und Desemantisierung sprachlicher Ausdrücke)
zu beschreiben, insoweit es sich dabei um semantisch zu erklärende
Prozesse handelt.

In der *pragmatischen* Dimension schließlich, dem sicherlich am
differenziertesten zu behandelnden Bereich einer einzelsprachlichen
Performanzkompetenz, sind alle diejenigen einzel-, schicht- oder
individualsprachlich bedingten Faktoren von Sprechakten zu beschreiben, die sinnvollerweise nicht in der syntaktischen oder semantischen Dimension erfaßt werden können. Eine positive Ausfüllung dieser negativen Charakterisierung in irgendeinem systematischen Sinne ist heute noch nicht möglich, da hierzu eine vollständige

Integration der hier besonders relevanten psycholinguistischen und soziolinguistischen Problemstellungen in eine Theorie einer einzelsprachlichen Performanzkompetenz notwendig wäre.

Im einzelnen gehören in diesen Bereich einer Performanzkompetenz die jeweils einzelsprachliche Ausfüllung der Kategorien und Prozesse wie sie oben unter 7.3.1. in der pragmatischen Dimension der Theorie eines allgemeinen Sprachvermögens genannt wurden. Dazu kommen spezielle Bedingungen und Begleitumstände von einzelsprachlichen Redesituationen, die Sprecher und Hörer betreffen, z. B. die schon von Chomsky (1965, 13) genannten Faktoren „begrenztes Gedächtnis, Zerstreutheit und Verwirrung, Verschiebung in der Aufmerksamkeit und im Interesse, ...". Wunderlich (1970a, Kap. 2) verlängert die Liste um folgende Faktoren: „Geübtheit, Erfahrungshorizont, allgemeine Motivation, sozialpsychologisch determinierte Hemmungen wie Schüchternheit, Angst, Neid, Abneigung usw., Rollenerwartung in einer Gesprächssituation, Verstellung, Aggressions- oder Schutzverhalten, Zusammenwirken mit außerverbalen Ausdrucksmöglichkeiten und mit dem Handlungskontext."

Es kann vermutet werden, daß die Struktur der Theorie einer Performanzkompetenz grundsätzlich verschieden von der Struktur der Theorie einer einzelsprachlichen Systemkompetenz sein wird. Letztere wird bislang nach generativ-transformationellen Prinzipien konstruiert, d. h. es werden hierarchische Abfolgen von Formations- und Transformationsoperationen über mehr oder weniger abstrakten Strukturen angenommen, die schließlich zu phonetisch interpretierten sprachlichen Ausdrücken führen; im Gegensatz dazu wird eine Theorie einer einzelsprachlichen Performanzkompetenz wegen der vielfältigen aus linguistischen, psychologischen und soziologischen Theorien einwirkenden Faktoren, die vermutlich sehr komplexe Abhängigkeiten ins Spiel bringen, eher als ein dynamisches selbstregulierendes System darzustellen sein.

Im 3. Kapitel seines schon genannten Beitrags „Die Rolle der Pragmatik in der Linguistik" skizziert Wunderlich die Elemente eines Modells des Sprachverhaltens; er gibt zugleich auch näherungsweise Auskunft über mögliche Abhängigkeiten zwischen einzelnen Komponenten eines solchen Modells, das mit der hier postulierten Theorie einer Performanzkompetenz grundsätzlich identisch ist. Es ist klar, daß eine weitere Bearbeitung dieses Forschungsfeldes nur in einer intensiven Zusammenarbeit der verschiedenen Sozialwissenschaften möglich sein wird.

BIBLIOGRAPHIE

Bacon, F. (1623) De dignitate et augmentis scientiarum

Antal, L. (1963) Questions of Meaning. The Hague

Antal, L. (1964) Content, Meaning, and Understanding. The Hague

Austin, J. L. (1962) How to do Things with Words. Oxford University Press

Bach, E. / Harms, R. T. (eds.) (1968) Universals in Linguistic Theory. New York

Bar-Hillel, Y. (1971) (ed.) Pragmatics of Natural Language. Dordrecht, Holland

Barthes, R. (1967) Elements of Semiology. London (frz. Original 1964 Paris)

Bloomfield, L. (1933) Language. New York

Bréal, M. (1897) Essai de sémantique. Paris

Brekle, H. E. (1963) Semantische Analyse von Wertadjektiven als Determinanten persönlicher Substantive in William Caxtons Prologen und Epilogen. Diss. Tübingen

Brekle, H. E. (1970) Generative Satzsemantik und transformationelle Syntax im System der englischen Nominalkomposition. München

Brockhaus, K. / Stechow, A. v. (1971) Formale Semantik. Beiträge zur Generativen Grammatik. Referate des 5. Linguistischen Kolloquiums, Regensburg 1970 (hrsg. v. A. v. Stechow), Band 3 Schriften zur Linguistik (hrsg. v. P. Hartmann) 48-64

Carnap, R. (1934) Die logische Syntax der Sprache. Wien

Carnap, R. (1942) Introduction to Semantics. Cambridge / Mass.

Carnap, R. ([1]1947, [2]1956, [5]1967) Meaning and Necessity. Chicago

Carnap, R. (1958) Introduction to symbolic Logic and its applications. New York

Chafe, W. L. (1970) Meaning and the Structure of Language. Chicago

Chomsky, N. (1965) Aspects of the Theory of Syntax. Cambridge/Mass.

Chomsky, N. (1971) Deep structure, surface structure, and semantic interpretation. In: Semantics. An interdisciplinary reader in philosophy, linguistics and psychology. (ed. D. Steinberg/L. Jakobovits). Cambridge 183-216

Coseriu, E. (1970) Einführung in die strukturelle Betrachtung des Wortschatzes. Tübingen (Band 14 der Tübinger Beiträge zur Linguistik, hrsg. von G. Narr)

Fillmore, C. (1968) The Case for Case, in: Universals in Linguistic Theory (ed. E. Bach / R. T. Harms). New York

Franck, D./Petöfi, J. (1972) Präsuppositionen in Philosophie und Linguistik. Frankfurt / Athenäum

Frege, G. (1879) Begriffsschrift, eine der arithmetischen nachgebildete Formelsprache des reinen Denkens. Halle

Frege, G. (1892) Sinn und Bedeutung. Zeitschrift für Philosophie und philosophische Kritik, NF 100, 25-50
Frege, G. (1962) Funktion, Begriff, Bedeutung (ed. G. Patzig). Göttingen (enthält Frege [1892])
Fries, C. C. (1954) Meaning and Linguistic Analysis. Language 30, 57-68

Gabelentz, G. v. d. (^{2}1901, neue Aufl. 1967 Tübingen) Die Sprachwissenschaft, ihre Aufgaben, Methoden und bisherigen Ergebnisse. Leipzig
Geckeler, H. (1971) Strukturelle Semantik und Wortfeldtheorie. München
Girard, Abbé (1762) Synonymes françois. Paris
Greenberg, J. H. (ed.) (1963) Universals of Language. M. I. T. Press

Habermas, J. (1971) Einführende Bemerkungen zu einer Theorie der kommunikativen Kompetenz. In:
J. Habermas / N. Luhmann, Theorie der Gesellschaft oder Sozialtechnologie. Frankfurt/M. 101-141
Hjelmslev, L. (1963) Prolegomena to a Theory of Language. Bloomington (dän. Original 1943)

Jespersen, O. (1924) The Philosophy of Grammar. London
Joas, H. / Leist, A. (1971) Performative Tiefenstruktur und interaktionistischer Rollenbegriff — Ein Ansatz zu einer soziolinguistischen Pragmatik, I. Teil. Münchener Papiere zur Linguistik 1, 31-54

Katz, J. J. (1966) The Philosophy of Language. New York (dt. Übers. 1969 Frankfurt)
Katz, J. J. (1971) Generative Semantics is Interpretative Semantics. Linguistic Inquiry 11, No. 3, 313-331
Katz, J. J. / J. A. Fodor (1963) The structure of a semantic theory. Language 39, 175-210
Kiparsky, P./Kiparsky, C. (1971) Fact. In: Semantics. An Interdisciplinary Reader in Philosophy, Linguistics and Psychology (eds. D. D. Steinberg/L. A. Jakobovits) CUP
Klaus, G. (1969) Semiotik und Erkenntnistheorie. Berlin
Klaus, G. (ed.) (1967, ^{2}1968) Wörterbuch der Kybernetik
Klaus, G. (1965) Die Macht des Wortes. Ein erkenntnistheoretisch-pragmatischer Traktat. Berlin
Kutschera, F. v. (1971) Sprachphilosophie. München. UTB 80

Lakoff, G. (1970) Linguistics and Natural Logic. Ann Arbor (dt. hrsg. von W. Abraham, 1971, Frankfurt)
Lakoff, G. (1971) On generative semantics. In: Semantics. An interdisciplinary reader in Philosophy, linguistics and psychology. (ed. D. Steinberg/L. Jakobovits) 232-296. Cambridge/Mass.
Langendoen, D. T. (1970) Essentials of English Grammar. New York
Leisi, E. (1952) Der Wortinhalt. Seine Struktur im Deutschen und Englischen. Heidelberg

Lieb, H. H. (1971) On Subdividing Semiotics. In: Y. Bar-Hillel (ed.) Pragmatics of Natural Language. Dordrecht, Holland

Lyons, J. (1968) Introduction to Theoretical Linguistics. Cambridge

Maas, U./Wunderlich, D. (1972) Pragmatik und sprachliches Handeln. Athenäum-Skripten Linguistik 2, Frankfurt/Main

Martinet, A. (1960) Éléments de linguistique générale. Paris

McCawley, J. D. (1971) Where do noun phrases come from? In: Semantics. An interdisciplinary reader in philosophy, linguistics and psychology. (ed. D. Steinberg/L. Jakobovits). Cambridge, 217-231

McCawley, J. D. (1971a) Interpretative Semantics meets Frankenstein. Foundations of Language 7, 285-296

Menne, A. (1966) Einführung in die Logik. Bern

Montague, R./Schnelle, H. (1972) Universale Grammatik. Braunschweig

Morris, C. W. (1938) Foundations of the Theory of Signs. Chicago

[Thomas von Aquin] Nehring, A. (1945) Plato and the Theory of Language. Traditio 3

Ogden, C. K. / J. A. Richards (1923) The Meaning of Meaning. London

Pinborg, J. (1967) Die Entwicklung der Sprachtheorie im Mittelalter. Münster/Kopenhagen

Pinborg, J. (1972) Logik und Semantik im Mittelalter. problemata 10, Stuttgart-Bad Cannstatt

Porzig, W. (1934) Wesenhafte Bedeutungsbeziehungen. PBB 58, 70-97

Postal, P. (1970) On the Surface Verb *Remind*. Linguistic Inquiry 1, 37—120

Quine, W. van O. (1960) Word and object. M. I. T. Press

Quine, W. van O. (1961) Two dogmas of empiricism. In: From a logical point of view. New York, 20-46

Quine, W. van O. (1961a) The problem of meaning in linguistics. in: From a logical point of view. New York, 47-64

Quine, W. van O. (1973) Philosophie der Logik. Stuttgart (am. Original 1970)

Rohrer, C. (1970) Funktionelle Sprachwissenschaft und transformationelle Grammatik. München

Ross, J. R. (1970) On Declarative Sentences. In: R. A. Jacobs / P. S. Rosenbaum (eds.), Readings in English Transformational Grammar. Waltham/Mass. 222-272

Russell, B. / A. N. Whitehead (1910ff.) Principia Mathematica. 3 vols. Cambridge

Šaumjan, S. K. (1971) Principles of Structural Linguistics. The Hague

Sapir, E. (1921) Language. An Introduction to the Study of Speech. New York

Saussure, F. de (1916) Cours de linguistique générale. Publié par C. Bally et A. Sechehaye. Paris (dt. Übersetzung Berlin 1931)

Schaff, A. (1966) Einführung in die Semantik. Berlin (pol. Orig. 1960)

Schmidt, S. J. (1969) Bedeutung und Begriff. Zur Fundierung einer sprachphilosophischen Semantik. Braunschweig

Schmidt, S. J. (1973) Texttheorie. UTB 202, München

Schnelle, H. (1973) Sprachphilosophie und Linguistik. Rowohlt

Searle, J. R. (1969) Speech acts. Cambridge UP. Deutsch: Sprechakte. Ein sprachphilosophischer Essay. Frankfurt/M. 1971

Seiffert, H. (1970) Einführung in die Wissenschaftstheorie 1. München

Stalnaker, R. C. (1970) Pragmatics. Synthese 22, 272-289

Tarski, A. (1935/1936) Der Wahrheitsbegriff in den formalisierten Sprachen. Studia Philosophica 1, 261-405

Travaux linguistiques de Prague (1964ff.)

Trier, J. (1931) Der deutsche Wortschatz im Sinnbezirk des Verstandes. Die Geschichte eines sprachlichen Feldes, I: Von den Anfängen bis zum Beginn des 13. Jahrhunderts. Heidelberg

Ullmann, S. (²1957) The Principles of Semantics. Glasgow/Oxford (dt. 1967)

Ullmann, S. (1963) Semantic universals. In: Greenberg (ed.) 1963, 217-262

Vendler, Z. (1970) Say what you think. Studies in Thought and Language (ed. J. L. Cowan). Tucson/Arizona, 79-97

Webster's New Dictionary of Synonyms (1968)

Weinreich, U. (1963) On the semantic structure of language. In: J. H. Greenberg (ed.) 1963, 142-216

Weinreich, U. (1970) Erkundungen zur Theorie der Semantik. Tübingen (amerik. Original 1966)

Whorf, B. L. (1956) Language, Thought and Reality. New York

Wiegand, H. E. (1970) Synchronische Onomasiologie und Semasiologie. Germanistische Linguistik 3, 243-384

Wittgenstein, L. (1969) Philosophische Untersuchungen, Schriften 1. Frankfurt 279-544

Wotjak, G. (1971) Untersuchungen zur Struktur der Bedeutung. Akademie-Verlag Berlin

Wunderlich, D. (1968) Pragmatik, Sprechsituation, Deixis. Universität Stuttgart, Lehrstuhl für Linguistik, Papier Nr. 9 (Erweiterte Fassung in: Zeitschrift für Literaturwissenschaft und Linguistik 1, Heft 1 (1971) 153-190)

Wunderlich, D. (1970) Syntax und Semantik in der Transformationsgrammatik. Sprache im technischen Zeitalter 36, 319-355

Wunderlich, D. (1970a) Die Rolle der Pragmatik in der Linguistik. Der Deutschunterricht 22. Heft 4, 5-41

Wunderlich, D. (1972) (ed.) Linguistische Pragmatik. Bd. 12, Schwerpunkte Linguistik und Kommunikationswissenschaft, Athenäum, Frankfurt/Main

NAMENREGISTER

SACHREGISTER

142

Lizenzausgaben von 4 wichtigen DDR-Titeln

P. M. Alexejew/W. M. Kalinin/ R. G. Piotrowski, Hrsg.: Sprachstatistik

298 S. mit zahlreichen Skizzen, Tabellen u. Schemata im Text, kart DM 48.–
Mit diesem Sammelband zieht die sowjetische Sprachwissenschaft das Fazit der im letzten Jahrzehnt auf dem Gebiet der statistischen Linguistik geleisteten Arbeit. Der Band enthält statistische und informationstheoretische Darstellungen bestimmter Teilgebiete der russischen, englischen, deutschen und französischen sowie anderer europäischer Sprachen auf Buchstaben-, lexikalischer und phraseologischer Ebene.

A. V. Gladkij/I. A. Mel'čuk: Elemente der mathematischen Linguistik

Autorisierte Übersetzung eines Kollektivs unter Leitung von Brigitte Haltof. 148 S. mit 10 Abb. und 4 Tabellen, kart. DM 16.80
Nicht zu Unrecht wird der theoretische Stand einer Wissenschaft heute am Grad ihrer mathematischen Durchdringung gemessen. Da auf dem deutschen Markt eine Einführung in die mathematische Linguistik fehlte, empfahl sich das Werk der beiden russischen Spitzenkönner auf diesem Gebiet durch hohe Wissenschaftlichkeit und großes methodisches Geschick für eine adaptierte deutsche Ausgabe.

Georg Klaus: Semiotik und Erkenntnistheorie

4., unveränderte Aufl. 182 S. mit 13 Schemata im Text, kart. DM 12,80
Ein längst bekannter und geschätzter „Klassiker" der Linguistik und Kommunikationswissenschaften aus der DDR, der jetzt den Lesern in der BRD leichter zugänglich sein wird.
Inhalt: Sprachanalyse als Bestandteil der Erkenntnistheorie / Natürliche Sprache – Fachsprache – Kunstsprache – Metasprache / Allgemeine Grundbegriffe der modernen Semiotik / Spezielle Probleme der Zeichenfunktion / Sinnvolle und sinnlose Zeichenzusammenstellungen / Semiotik als Disziplin der mathematischen Grundlagenforschung / Allgemeine Bemerkungen zur Sprachstruktur und ihrer Analyse

B. A. Serébrennikov, Hrsg.: Allgemeine Sprachwissenschaft

Existenzformen, Funktionen und Geschichte der Sprache. Aus dem Russischen von Hans Zikmund und Günter Feudel. Gr. 8°. 533 S. Ln. mit Schutzumschlag DM 68.–; kart. DM 48.–
Ein Kollektiv namhafter sowjetischer Linguisten leistet in diesem Buch einen umfassenden Überblick über linguistische Grundfragen und über die Ergebnisse der sowjetischen Sprachwissenschaft. Behandelt werden u. a.: Die Probleme der Wechselbeziehungen zwischen Sprache und Gesellschaft sowie zwischen Sprache und Denken; die Existenzformen der Sprache in ihrer territorialen und sozialen Mannisfaltigkeit; die kommunikative Funktion, der Zeichencharakter und die psychophysiologischen Grundlagen der Sprache; außerdem Literatursprache und Sprachnorm.

 WILHELM FINK VERLAG MÜNCHEN

UTB

Uni-Taschenbücher GmbH
Stuttgart